L'ORDRE SOCIAL

PRINCIPES D'ANALYSE SOCIOLOGIQUE

COLLECTION LOGIQUES SOCIALES
dirigée par Dominique Desjeux
Sociologue à l'École Supérieure d'Agriculture d'Angers

Collection Logiques Sociales

Brigitte Brébant, *La pauvreté, un destin,* 1984, 284 pages

J.M. Bembe, *Les jeunes et l'ordre politique en Afrique noire,* 1985, 256 pages.

Guy Minguet, *Naissance de l'Anjou industriel.* Entreprise et société locale à Angers et dans le Choletais. 1985, 232 pages.

Groupe de Sociologie du Travail, *Le travail et sa sociologie.* Essais critiques. Colloque de Gif-sur-Yvette, 1985, 304 pages.

Du même auteur

Sociologie de l'information. Textes fondamentaux. Avec Francis Balle. Paris, Larousse, 1973, 372 p.

L'opinion publique. Examen critique, nouvelles directions. Recueil de textes. Paris, Mouton et EHESS, 1981, 392 p.

Quand la France s'enferre. La politique sidérurgique de la France depuis 1945. Paris, PUF, 1981, 232 p.

L'Etat au concret. Paris, PUF, 1982, 222 p.

« Le Monde » et le « Washington Post ». Précepteurs et mousquetaires. Paris, PUF, 1985, 372 p.

Jean G. PADIOLEAU

L'ORDRE SOCIAL

PRINCIPES D'ANALYSE SOCIOLOGIQUE

Préface de François BOURRICAUD

Editions L'Harmattan
5-7, rue de l'École-Polytechnique
75005 Paris

Couverture : **Georges de La Tour,** *Le tricheur à l'as de carreau,* Louvre. Cliché de la Réunion des Musées nationaux.

ISBN : 2-85802-599-9

Pour T. L.

REMERCIEMENTS

Tout au long de ce travail nous avons bénéficié du soutien et des encouragements de la Délégation Générale à la Recherche Scientifique et Technique et du German Marshall Fund of the United States qui en ont assuré à des titres divers le financement.

Nous tenons à remercier pour leur aide précieuse l'E.S.S.E.C. et le Groupe d'Analyse des Politiques d'Action Collective (G.A.P.A.C.) de la Maison des Sciences de l'Homme.

Il faut y associer le soutien et les appuis chaleureux de P. Andrès, V. Aubert, Ph. Besnard, R. Boudon, B. Cazes, M. Crozier, J. Lécuyer, E. Roquain, P. Salmon, J.-C. Thoenig, Ph. Urfalino, A. Wolfelsperger.

« Je hais, pour ma part, ces systèmes absolus qui font dépendre tous les événements de l'histoire de grandes causes premières se liant les unes aux autres par une chaîne fatale, et qui suppriment, pour ainsi dire, les hommes de l'histoire du genre humain. Je les trouve étroits dans leur prétendue grandeur et faux sous leur air de vérité mathématique. Je crois, n'en déplaise aux écrivains qui ont inventé ces sublimes théories pour nourrir leur vanité et faciliter leur travail, que beaucoup de faits historiques importants ne sauraient être expliqués que par des circonstances accidentelles, et que beaucoup d'autres restent inexplicables ; qu'enfin le hasard ou plutôt cet enchevêtrement de causes secondes, que nous appelons ainsi faute de savoir le démêler, entre pour beaucoup dans tout ce que nous voyons sur le théâtre du monde ; mais je crois fermement que le hasard n'y fait rien, qui ne soit préparé à l'avance. Les faits antérieurs, la nature des institutions, le tour des esprits, l'état des mœurs, sont les matériaux avec lesquels il compose ces impromptus qui nous étonnent et qui nous effraient. »

Alexis de TOCQUEVILLE *

* *Souvenirs,* Paris, Gallimard, 1978, pp. 112-113 *(Folio).*

PRÉFACE

A un moment où la sociologie connaît un discrédit qui n'est pas entièrement immérité, il faut bien du courage pour proposer aux débutants et au public cultivé une introduction à cette discipline. Le livre de Jean Padioleau a plusieurs mérites. Il est bien informé, sans sacrifier à un modernisme excessif. Le texte est vivant et piquant, mais Padioleau poursuit avec méthode son projet. Il s'efforce de passer entre deux écueils : un sociologisme totalitaire qui se fait fort de traiter les faits sociaux par les exigences souvent imaginaires d'un « système » auquel sont généreusement prêtées des intentions ou des finalités de domination ou de reproduction, et un impressionnisme qui réduit l'interaction sociale à une rhapsodie de contacts privés, contingents et discontinus.

Jean Padioleau présente une critique de ce qu'il appelle « l'homo sociologicus-éponge ». L'« homo sociologicus » constituerait une axiomatique par laquelle le sociologue répondrait à cette question : quels attributs faut-il reconnaître à l'acteur pour que l'action sociale ait un sens ? Quant à « l'homo sociologicus-éponge », Padioleau nous dit qu'il absorbe les savoirs collectifs et se contente d'exécuter passivement ces savoirs. Cette conception, à l'arrière-plan des sociologies néo-marxistes, qui se qualifient elles-mêmes avantageusement de « critiques », repose sur les suppositions suivantes. Les « savoirs collectifs » sont « homogènes », « non problématiques », « extérieurs » à l'individu, et strictement « nécessaires ». Lorsque l'acteur pense, sent, ou décide, il ne fait qu'exécuter les instructions d'un programme qui lui a été inculqué et dont la stricte « reproduction » est une exigence fonctionnelle du système de domination. La notion de « violence symbolique », celle d'« appareils idéologiques d'Etat », incarnent le schéma de l'« homo sociologicus-éponge ».

Contre ce schéma, Jean Padioleau s'arme de ce qu'il appelle lui-même son « parti pris cognitif ». Je ne suis pas sûr que ce dernier mot soit très bien choisi. Pour les gens qui ne sont pas familiers avec le jargon des psychologues et des sociologues, l'épithète de « cognitif » évoque une forme d'action qui a quelque chose à voir avec la connaissance. Mais connaître est une activité très diversifiée. Connaître, c'est juger, raisonner, mais c'est aussi percevoir. Quand Padioleau emploie le mot « cognitif », il me semble qu'il se réfère soit à des activités de perception, soit au langage. Encore s'agissant de la perception, c'est plutôt à la perception des personnes qu'à celle des objets physiques qu'il se réfère. Reconnaître un ami que l'on croise dans la rue ou dans une foule, entrer en conversation avec un inconnu (« se présenter à lui », pour parler comme Goffman), ce sont bien des activités « cognitives ». Mais cette connaissance-là est différente de l'activité que déploie un physicien lorsqu'il cherche à énoncer une hypothèse ou à la vérifier. L'activité « cognitive » du flâneur qui cherche à « draguer » une jeune femme (pour employer des exemples chers à Padioleau) consiste à émettre des signes assez précis pour que la dame puisse aisément les déchiffrer, assez couverts et discrets pour qu'elle ne puisse pas s'en offenser si elle n'est pas disposée à se « laisser conter fleurette ». Il y a donc dans ce jeu de l'incertitude et du risque. Pourtant le don Juan dispose de quelques repères, qui lui sont fournis à la fois par son expérience personnelle et par un savoir collectif. Chacun de nous sait lire, ou croit savoir lire dans les implications ou les intentions (du moins les plus immédiates) d'un éventuel partenaire, qui « se présente » à nous, ou auquel nous nous « présentons ». Le jeu qui va s'engager entre lui et nous repose sur un système d'anticipations réciproques, plus ou moins sérieusement fondées et plus ou moins adroitement manipulées. En somme, ce qui caractérise le mieux cette activité « cognitive » spontanée et quelque peu sauvage, c'est que, selon le mot de Brunner cité par Padioleau, elle « va toujours au-delà de l'information donnée ».

Jean Padioleau tire le meilleur parti de la distinction, familière à Chomsky et à ses disciples, entre la « compétence et la performance ». Nous établissons, dit Chomsky, une distinction fondamentale entre compétence *(la connaissance que le locuteur-auditeur a de la langue) et la* performance *(l'emploi effectif de la langue dans des situations concrètes)* [1]. *Au fond, le schéma de « l'homo sociologicus-éponge » ignore cette distinction. C'est parce que la performance de « l'individu-éponge » se réduit strictement à sa compétence programmée qu'il n'est rien de plus qu'un « support de structures ». Au contraire, si entre compétence et performance, on laisse subsister une plage, le locuteur-auditeur recouvre une marge de manœuvre. Or, c'est bien ainsi que les choses se passent selon l'enseignement de la sociolinguistique. « Les modèles issus des théories linguistiques, écrit Padioleau, ne permettent pas d'énoncer l'absence ou la présence du /r/ dans les énoncés d'un Américain new-yorkais (...) dans le mot* guard ». *Il est vrai que l'identité de cet hypothétique new-yorkais peut être précisée si nous connaissons « l'âge, la classe sociale du locuteur, le contexte de communication dans lequel il se trouve engagé », « si nous savons si l'anglais est sa langue maternelle ». Mais nous sommes condamnés à nous contenter d'une connaissance probabiliste non seulement si nous ne sommes que superficiellement informés sur le « locuteur-auditeur », mais en raison de la structure du système normatif qui définit sa compétence linguistique. En effet, ce système est constitué de « liaisons conditionnelles » dont l'enchaînement est probabiliste à la fois parce que l'environnement jusqu'à un certain point peut être interprété subjectivement, mais aussi parce qu'il est constitué d'alternatives objectivement contraignantes. Ce ne sont pas seulement les langues, mais tous les systèmes normatifs, qui sont « génératifs ». « L'être humain, écrit Padioleau, ne se contente pas d'associer des* stimuli *et des réponses (...), il développe des règles abstraites qui lui permettent sans cesse de comprendre des énoncés nouveaux ».*

Par contraste avec « l'homo sociologicus-éponge », « l'homo sociologicus cognitif », ou plus simplement l'acteur socialisé, dispose d'une capacité d'adaptation limitée mais vérifiable, et aussi d'une capacité d'innovation. Quand on affirme que l'individu constitue une référence irrécusable de l'analyse sociologique, on n'invoque pas l'existence d'une entité métaphysique. La pertinence du point de vue

1. Avram Noam Chomsky, *Aspects de la théorie syntaxique*, Paris, Seuil, 1977, 12-13.

individualiste est attestée par ce que nous avons dit du système normatif. Les pratiques, même socialement sanctionnées, peuvent être ignorées, défiées, attaquées, altérées, subverties et substituées. Les sociologues parlent de déviance, et ce domaine très hétérogène suggère au moins la possibilité d'un écart entre les performances de l'acteur et les règles auxquelles il est soumis, même s'il n'a qu'une conscience incomplète, fragmentaire et confuse de ces règles.

*Ce qui distingue « l'homo sociologicus-éponge » de « l'homo sociologicus cognitif », c'est que le second contribue à l'élaboration des définitions de Soi, d'Autrui, de conduites, d'attitudes, de ressources et de buts ». Mais « l'homo sociologicus » à la façon Padioleau n'est ni un Robinson ni un Prométhée puisqu'il ne « crée » ni les règles ni les valeurs. Il participe seulement à leur « élaboration ». Padioleau ne se contente pas de placer son individu en situation d'*interaction. *Il reconnaît qu'Ego et Autrui sont aussi* interdépendants, *non pas seulement l'un de l'autre, mais d'un nombre indéterminé d'autres, de « tiers partis » qui nous infligent toutes sortes d'externalités. Celle-ci sont positives, négatives, ou simplement neutres. En outre, elles ne font que rarement l'objet d'une stricte imputation. Beaucoup de choses — bonnes ou mauvaises — m'adviennent par le fait d'un Autrui tout à fait indéterminé qu'en français on appelle « on ». Mais ce qui caractérise ce fameux « on », ce n'est pas simplement son anonymat, c'est qu'il peut exprimer, explicitement ou symboliquement, des « contraintes collectives » qui, nous dit Padioleau, « tout en restant extérieures aux acteurs, influencent les définitions subjectives de ses normes, rôles, agendas, motifs ». Les choses se compliquent encore de ce que les « contraintes collectives » sont très différentes. La nature des contraintes varie selon la nature des objectifs que l'acteur se propose d'atteindre. Je ne deviens pas riche de la même manière que je deviens puissant. Si l'utilitarisme signifiait que l'action sociale se réduit à l'enrichissement individuel ou collectif, il s'exposerait à des difficultés insurmontables. Mais s'il se borne à voir dans tout acteur un stratège plus ou moins compétent qui cherche à anticiper les attitudes et les conduites de ses partenaires afin de répartir au mieux ses propres ressources, il nous propose une grille d'interprétation dont on voit mal comment nous pourrions nous passer, surtout si nous entendons échapper aux impasses de « l'homo sociologicus-éponge ».*

Toutefois il faut prendre une précaution. Ces « contraintes collectives » ne sont pas quelconques. Elles ne résultent pas de la diversité des désirs des autres et de la résistance que dans leur diversité ils opposent à la réalisation de nos propres désirs. Il y a un ordre social. Padioleau l'affirme dès les premières pages de son livre. Cette affirmation est d'autant plus remarquable que, pour beaucoup, tout ordre social n'est jamais que l'idéalisation « mystificatrice » du « désordre établi ». L'ordre social n'est ni une « rhapsodie », comme dirait Kant, de désirs individuels, ni un affontement d'intérêts « de classe » plus ou moins sournoisement camouflés. Il tient évidemment compte des uns et des autres. Mais poser le problème de l'ordre social, écrit Padioleau, « invite à (...) répondre à cette simple question : comment des individus ou des groupes établissent-ils entre eux des rapports permanents ou éphémères, planifiés ou spontanés, d'ententes et de conflits ? » Appeler l'attention sur les deux dimensions de l'ordre social : l'interaction et l'interdépendance, et peut-être aussi suggérer qu'en raison même de cette dualité d'aspects, l'ordre social, comme l'enseignait Parsons (cité par Padioleau), ne peut jamais être dit « naturel », telles sont quelques-unes des réflexions que le lecteur dégagera de ces Principes d'analyse sociologique.

François Bourricaud

AVANT-PROPOS

A l'heure qu'il est, le grand titre de ce petit ouvrage pourrait surprendre — et sans doute les lecteurs y verront-ils dès l'abord les marques d'un préjugé. L'expression populaire d'ordre social véhicule, il est vrai, des relents de conservatisme ; la conscience commune de l'intelligentsia associe d'ordinaire au terme d'ordre des images de contrainte ou de mise au pas des citoyens. Il n'importe : quels que soient les caprices idéologiques ou les partis pris de méthode ou de théorie, les corporations d'économistes, de sociologues ou de politistes sont condamnées à faire bon ménage avec l'ordre. L'ordre social ? Nous le rencontrons sans répit dans le ronron et dans l'extraordinaire de la vie quotidienne : les jeux enfantins et les rapports amoureux, les transactions commerciales ou les affaires judiciaires, le fonctionnement des collectivités qu'il sied, aujourd'hui, d'appeler « organisations » (églises, maisons closes, entreprises, clubs de pocker, bureaucraties d'Etat, camps de nudistes, etc.). Regardons-nous à l'œuvre dans des activités de flirt, ou mieux encore de coquetterie. Tout un chacun en conviendra sans peine, la coquetterie est un jeu dont l'art s'exerce selon des règles — il va sans dire, avec plus ou moins de talent. Le galant émérite n'ignore rien de l'essence de la coquetterie féminine dont parlait avec bonheur G. Simmel : « attirer l'homme sans laisser aller les choses jusqu'à l'acte décisif (...) et le repousser sans lui enlever tout espoir. » De fait, « la coquetterie déploie son charme au maximum, en faisant croire à l'homme que la faveur est pour ainsi dire toute proche, sans que finalement la femme ne prenne la chose très au sérieux ; son attitude oscille entre le oui et le non, sans se fixer jamais. » Certes... Néanmoins — nos expériences le prouvent et les romanciers se régalent de tels quiproquo — l'homme doit aussi faire écho aux postures et aux habiletés de la séduction. La coquetterie, précisait Simmel, « n'apparaît que lorsque l'homme ne recherche rien d'autre que ce jeu libre et incertain, pour lequel une quelconque issue érotique définitive ne retentit que comme un lointain symbole et lorsqu'il ne tirera pas d'abord du désir ou de la crainte d'une telle issue l'attrait des allusions et des préliminaires. La coquetterie, telle qu'elle déploie son charme sur les sommets de la culture sociale, a laissé derrière elle la réalité du désir, de l'acceptation ou du refus érotiques et elle se perd dans le jeu d'alternance des silhouettes de ces attitudes sérieuses. » *

Dans sa simplicité l'exemple minuscule de la coquetterie montre du doigt le problème qui nous préoccupera au fil des pages : *l'action réciproque des individus et des groupes.* Dès lors, faute d'en dire plus, ce qui déflorerait le sujet, énonçons sans faire dans le détail deux des idées fixes qui mènent l'enquête. D'une part, l'action réciproque présuppose l'existence de phénomènes d'ordre permettant, comme disent les économistes, la « coordination » des faits et gestes de collaboration ou de conflit avec autrui ; d'autre part, si les individus et les groupes subissent les actions réciproques, d'une manière ou d'une autre ils participent *aussi* à leur réalisation.

La réponse offerte à ces interrogations est celle d'une interprétation particulière de l'action, connue sous l'étiquette d'action sociale, que décrit la première partie « *Les fondements de l'ordre social* ». Ce tableau de l'acteur social dans ses rapports avec autrui se précise dans les chapitres consacrés aux phénomènes d'interaction et d'interdépendance collective. Ce cadre d'analyse qui appelle des débats permet d'introduire, dans une seconde partie, aux « *processus fondamentaux de l'ordre social* » : les rapports d'échange ou de pouvoir, les états de consensus ou de conflits. En effet, les titres des chapitres ne trompent pas : l'exposé ne s'apparente pas à une description des thèmes habituels aux précis de science sociale qui passent en revue les modalités d'existence des groupes, des familles, des communautés villageoises ou des organisations. Le présent ouvrage se situe en amont de tels exercices ; il développe un schéma d'analyse ou, pour faire image, une *grammaire de l'ordre social* conduisant à des diagnostics concrets de l'institution familiale, de la vie politique ou du fonctionnement des entreprises privées et des bureaucraties d'Etat.

---

* G. Simmel, *Sociologie et épistémologie,* Paris, P.U.F., 1981, pp. 130-131.

Le lecteur doit en être averti. Ces pages plaident pour *une science sociale traditionnelle* qu'un esprit enclin à l'amalgame assimilerait trop vite au conservatisme. En vérité, une maigre pitance attend les vrais croyants révolutionnaires et réactionnaires. Les explications du monde, les grands systèmes conceptuels ou les super-marchés du prêt-à-porter intellectuel dont se gargarisent les masses en un siècle désacralisé ne se profilent guère. L'exposé est plutôt celui d'un artisan qui travaille « sous le fouet de la contention et du doute » selon la formule de Cl. Lévi-Strauss *.

Le projet de cet ouvrage est drôlement prosaïque : donner à voir le regard de la science sociale. Rendre visible les coups d'œil, les tours de mains, l'adresse des corps constitués : économistes, linguistes, sociologues, et autres confrères. Nous n'entreprendrons donc ni une visite guidée du Panthéon culturel des pères fondateurs ni un commentaire des grands auteurs contemporains, bien que toutes les idées forces présentes dans ce livre leur soient dues. Le parti pris d'écriture est ici d'être accessible au plus grand nombre, fût-ce au prix d'un arbitraire simpliste ou quitte à faire violence à la pensée des auteurs cités. Trop souvent, les clercs en science sociale rendent compte de leur métier, de leur profession et, pour les plus religieux d'entre eux, de leur vocation dans un galimatias. L'ambition de cet essai est que chacun puisse être son propre savant.

Ouvrages et articles de référence

R. Aron, *Les étapes de la pensée sociologique*, Paris, Gallimard, 1967.

R. Boudon, F. Bourricaud, *Dictionnaire critique de la sociologie*, Paris, P.U.F., 1982.

P. Bourdieu *et al.*, *Le métier de sociologue*, Paris, Mouton-Bordas, 1968.

P. Bourdieu, *Questions de sociologie*, Paris, Editions de Minuit, 1981.

* « Le savoir scientifique avance à pas trébuchants, sous le fouet de la contention et du doute. Il laisse à la métaphysique l'impatience du tout ou rien », Cl. Lévi-Strauss, *Le cru et le cuit*, Paris, Plon, 1969, p. 15.

Collectif « Révoltes Logiques ». *L'empire du sociologue,* Paris. La Découverte, 1981.

W. Doise, *L'Explication en psychologie sociale,* Paris, P.U.F., 1982

J. Lautman (sous la direction de), A quoi sert la sociologie, *Après-Demain,* n° 119, décembre 1969.

INTRODUCTION
LA QUESTION DE L'ORDRE SOCIAL

L'interrogation primitive de la science sociale est celle de l'ordre. A dire vrai, le thème est familier. La pensée politique séculaire s'en est préoccupée mais on crédite volontiers Th. Hobbes d'avoir posé en des termes explicites le problème de l'ordre dans *Le Léviathan* (1651). Sans entrer dans le détail, Hobbes construit un modèle de société, « l'état de nature », où règnerait la guerre perpétuelle de « chacun contre chacun » de « tous contre tous ». Guerre ? Il faut entendre le fait actuel de se battre mais surtout la volonté avérée de se battre : tant qu'existe cette volonté, il y a guerre. Dans l'état de nature, l'homme est un loup pour l'homme. Il y a dans l'homme, affirme Hobbes, un désir perpétuel de puissance et sa condition est de vivre en compagnie de semblables ou plutôt de concurrents avides comme lui de puissance. Une compétition implacable. Le génie de Hobbes en dévoile la raison d'être fondamentale : tout homme est l'égal d'un autre. « Le plus faible en a assez pour tuer le plus fort soit en usant de la ruse, soit en s'alliant à d'autres qui sont menacés du même danger que lui. » [*] Cette égalité de capacité donne précisément à chacun l'espoir de parvenir à ses fins — ce qui pousse chacun à s'efforcer de détruire ou de soumettre l'autre.

---

* Cf. pour une présentation succincte de Hobbes, J.J. Chevalier, *Les grandes œuvres politiques*, Paris, A. Colin, 1970, pp. 44-45.

De nos jours, le sociologue fait peu de cas en général des passions que Hobbes attribue à la personne humaine, pas plus que l'irréalisme de l'état de nature ne le chagrine. A nos yeux de contemporain, l'état de nature apparaît sous l'aspect d'un procédé heuristique d'enquête dont la question centrale interpelle le spécialiste : comment l'Homme sort-il de l'état de nature ? Dans un langage plus commun : *pourquoi les rapports entre les acteurs sociaux*[1] *ne se manifestent-ils pas dans un univers de chaos, où tout, c'est-à-dire n'importe quoi, pourrait survenir ?* Dans une formule qui aujourd'hui constitue l'ouverture des manuels de sociologie à succès, G. Simmel résumait ainsi le projet de l'analyse sociologique : « qu'est-ce qui rend la société possible ? ». T. Parsons [2] faisait aussi écho au grand sociologue germanique du début du siècle quand il répétait à ses étudiants de Harvard :

> « L'existence banale de l'ordre ne veut pas dire qu'il soit en quelque sorte « naturel ». Le problème est d'expliquer son maintien. Qui se souvient de la remarque du Dr Johnson à propos de la femme prédicateur : « la chose remarquable n'était pas qu'elle prêchat bien mais qu'elle puisse prêcher ». A mon avis, poursuit T. Parsons, le remarquable dans l'ordre social ne réside pas dans son degré de perfection mais dans le simple fait qu'il puisse durer à un niveau raisonnablement tolérable. » [3]

Reconnaître le caractère premier du problème de l'ordre n'entraîne donc pas l'analyse sociologique dans le dessein — « pernicieux » nous dit A. Touraine — de célébrer les conditions d'une « bonne » société « pacifique » ou d'accep-

---

1. *Tout au long de l'ouvrage nous utiliserons le vocable d'acteur social pour désigner des individus ou des groupes.* L'emploi du qualificatif « social » apparaîtra bientôt au lecteur. Pour des raisons de style nous emploierons indifféremment les termes acteur social, acteur, agent, ou tout simplement personne et individu.

2. Professeur de sociologie à Harvard décédé en 1980, et dont la réflexion théorique a dominé la sociologie américaine pendant plusieurs décennies.

3. T. Parsons « Order as a sociological problem », in P. Kutz (sous la direction de) *The Concept of Order,* Seattle, Washington, University of Washington Press, 1968, p. 374.

ter les définitions du « supérieur » et du « marginal » d'une collectivité particulière [4]. Poser le problème de l'ordre social invite tout bonnement à répondre à cette simple question : *comment des individus ou des groupes établissent-ils entre eux des rapports permanents ou éphémères, planifiés ou spontanés d'ententes et de conflits ?*

La Mafia, les tribus africaines et l'homo sociologicus de la vulgate parsonienne. — Les réponses au problème de l'ordre social ne sont pas évidentes. La concurrence fleurit entre les théoriciens. Trois exemples permettront de situer des points de repère distinguant les courants sociologiques.

Nous n'ignorons plus la réponse de Hobbes à la question de l'ordre social : l'ordre résulterait d'une société politique — le fruit artificiel d'un pacte volontaire et d'un calcul intéressé — connue sous l'étiquette *« d'Etat Léviathan. »*

> « Ce grand Léviathan, ou pour mieux dire, ce dieu mortel auquel nous devons, avec l'aide de Dieu immortel, notre paix et notre protection. Car, armé du droit de représenter chacun des membres du Commonwealth (Civitas-Etat), il détient par là tant de puissance et de force qu'il peut, grâce à la terreur qu'il inspire, diriger les volontés de tous vers la paix à l'intérieur et l'aide mutuelle contre les ennemis de l'extérieur [5].

Dans l'univers hobbésien, l'ordre s'identifie à la contrainte par la force ; le Léviathan évoque en effet un monstre dont le Livre de Job précise « qu'il n'est pas de puissance sur la terre qui puisse lui être comparée ».

---

4. « Considérer la société comme un ordre est la manière la plus pernicieuse de renvoyer l'explication au-delà de la société elle-même. On parle de consensus, d'intégration, d'équilibre, ce qui conduit à décrire l'essence d'une société, ses valeurs ou son esprit, qui, à leur tour ne sont situés que par rapport à une évolution, et donc à la marche vers la modernité. Cet empirisme impose de se placer du point de vue de la société considérée, c'est-à-dire d'accepter ses définitions du central et du marginal, du normal et du pathologique, du supérieur et de l'inférieur. Qu'à l'intérieur de ces limites puissent être développées des connaissances utiles pour les gestionnaires de la société, je l'admets, mais la connaissance sociologique ne peut pas s'identifier aux intérêts de certains acteurs. » A. Touraine, *Pour la sociologie*, Paris, Seuil, 1974.

5. J.J. Chevalier, *op. cit.*

Sans doute peut-on y voir quelque préférence intime mais aujourd'hui la Mafia américaine constitue, nous semble-t-il, l'un des cas exemplaires de paix sociale imposée par la contrainte physique [6]. La nature clandestine et les activités criminelles de la Mafia placent la vie interne de cette honorable organisation en dehors du domaine des autorités disposant de l'usage légitme de la force. Or, deux conditions principales multiplient les chances de conflits au sein de la « Cosa Nostra ». Les biens dont elle fait commerce comme ceux de la drogue ou de la sexualité vénale méritent le qualificatif de ressources rares par suite, entre autres raisons, de l'illégalité qui les entoure. Dans ces champs d'activités, l'interdépendance des enjeux est forte : la maîtrise par un gang du trafic des narcotiques sur les quais de Chicago ou de Manhattan équivaut à une perte sèche pour un groupe rival. Ce commerce clandestin est celui d'un jeu à somme nulle : le gain d'une « famille » se fait aux dépens de l'autre. Par suite, dans ce contexte, les parties en présence s'attendent à des représailles et de ce fait les gangs s'engagent dans des actes de violence anticipatrice pour asseoir ou conquérir des situations de monopole. Très souvent, le résultat de ces stratégies fait « la une » des quotidiens sous la forme de règlements de comptes. Dans la foulée ces confrontrations s'accompagnent à l'évidence de coûts — lesquelles à terme peuvent mettre fin à l'existence physique des groupes rivaux. D'où la nécessité, si cette perspective ne plaît guère aux gangs, de créer des conseils de sages ou de « parrains » responsables d'assurer l'ordre sous la forme par exemple d'une répartition des marchés. Nantis du pouvoir de mettre un terme aux rivalités internes ou survenant entre les « familles », les sages administrent des sanctions dont la plus commune est celle de l'exécution physique des indociles.

L'exemple de la Cosa Nostra correspond *mutatis mutandis* au problème qui en définitive intrigue Th. Hobbes. Dans une situation de rareté et d'interdépendance des ressources ou des buts, les rapports entre acteurs sociaux ne se

---

6. P. Mass, *The Valachi Papers,* New York, Bantam Books, 1968 ; M. Puzo, *Le Parrain,* Paris, R. Laffon, 1973 ; R. Salermo, *The Crime Confederation,* New York, Popular Library, 1969.

concluent pas toujours par des transactions paisibles. Parfois les parties s'entendent : le rapport entre les acteurs est bilatéral et positif ; les gangs délimitent les zones respectives d'activités quand ils se partagent les marchés. A l'autre extrême, la relation demeure bilatérale mais les partenaires finissent tous ensemble par perdre. La lutte dans les coins sombres des entrepôts cesse faute de combattants : le rapport peut être qualifié de bilatéral et de négatif. Enfin, dans un cas intermédiaire, l'un des acteurs réussit à prendre l'avantage sur l'autre : l'échange devient unilatéral. S'il en est ainsi, pourquoi diantre les rapports bilatéraux et positifs s'accompagnent-ils d'une contrainte — parfois pour le moins musclé ? — L'intuition de Hobbes ne trompe pas : par suite du désir inextinguible de puissance, l'échange bilatéral et positif tend sans cesse vers la situation d'un échange unitaltéral quitte à ce que les acteurs prennent le risque de la destruction réciproque. De plus, le mouvement s'engouffre un jour ou l'autre dans une spirale : l'enjeu de la lutte devient celui de l'existence même des parties en présence, lesquelles pour se préserver entame une guerre perpétuelle. Fort à propos, la présence de sages mafiosi, soutenus par la force dont ils ne se privent pas de faire usage, réduit parfois la précarité des transactions. L'instabilité des relations positives donnent ainsi naissance à un ordre par la contrainte ; la loyauté et le respect des décisions des sages créent l'obligation des membres de la Cosa Nostra dont le principe d'action est tout compte fait celui de la prudence : circonscrire dans des limites raisonnables les conflits d'intérêts à court terme afin de préserver les gains sur une longue période.

Si l'exercice de la force est l'une des modalités de l'ordre par la contrainte, des calculs motivent sa venue. Cette interprétation « utilitaire » sinon « utilitariste » [7] est encore plus évidente quand l'ordre est le résultat de processus d'échange. Toutefois, la violence ne régularise pas nécessai-

7. Nous entendrons dans ce texte par « utilitaire » ou « utilitarisme » la disposition des acteurs sociaux à évaluer les objets, les actes ou les individus en termes de « coûts » et de « bénéfices ». D'une manière spontanée ou réfléchie, *l'individu est un calculateur qui cherche à réaliser au mieux ses préférences.*

rement le commerce des acteurs sociaux car d'autres facteurs consolident la précarité des échanges bilatéraux bénéficiaires. Ainsi, sur le continent africain, rapporte M. Glukman [7 bis], des tribus de pasteurs jusqu'alors rivales réussissent néanmoins à établir des relations bilatérales positives stables sans recours à la contrainte physique. Les pasteurs valorisent l'eau puisque l'élevage constitue la principale richesse des tribus. Lors d'une saison sèche les marigots qui ne tarissent pas sont ceux d'une tribu ; l'année d'après, l'eau manque mais la nature se montre plus généreuse avec une autre tribu dont le bétail peut survivre. Et ainsi de suite. En conséquence, si les tribus souhaitent préserver leur cheptel des rigueurs de la sécheresse et se soustraire à d'éventuelles guerres de l'eau, les protocoles d'accès aux mares s'imposent. Toutefois, les accords dont M. Gluckman fait état n'en appellent pas à la force pour réduire l'incertitude de l'échange bilatéral positif. Les tribus sédimentent, devrait-on dire, les traités d'accès aux marigots par des moyens qui accentuent l'interdépendance paisible des peuplades. Dans chacune des populations étudiées, les liens de parenté prohibent ou limitent sous peine de sanctions graves les violences physiques entre collatéraux. En conséquence, la sécurité et partant le bien-être des tribus s'élèveront si des mariages inter-groupes créent des solidarités familiales. L'éventualité d'une guerre de l'eau s'éloigne car tout échange violent contient le risque de blesser ou de tuer un parent. De cette façon, conclut M. Sahlins dans une étude proche de celle de M. Gluckman, « les peuples primitifs évitent le chaos hobbésien » [8]

A cette interprétation échangiste de l'ordre s'applique le label d'utilitarisme. Des considérants de coûts et de bénéfices suscitent, entraînent des accords mais, de plus, l'emploi d'interdits comme l'exclusion de la violence dans les rapports familiaux procède d'une démarche utilitariste. Les tribus transforment des interdits de la vie quotidienne en

---

7 bis. M. Gluckman, *Customs and Conflicts in Africa*, Glencoe, Illinois, Free Press, 1955.

8. M. Sahlins, « On the Sociology of Primitive Exchange » in M. Banton (sous la direction de), *The Relevance of Models for Social Anthropology*, Londres, Tavistock, 1965, pp 139-237, p. 140.

moyens pour maintenir la sécurité des biens et des personnes sans que soit requis des tribus l'attachement intime à des valeurs ou à des normes condamnant le recours à la guerre. Sous sa forme pure, l'ordre social dans une perspective utilitariste s'établit par suite de la multiplicité des rapports bénéfiques d'interdépendance entre les acteurs sociaux. Plus les relations de parenté, mais aussi les activités commerciales et religieuses ou tout simplement les modalités de la division du travail s'entremêlent et entraînent des bénéfices pour les partenaires plus les accords bilatéraux positifs gagnent en stabilité — ce qui ne veut pas dire que les conflits disparaissent à jamais.

L'œuvre considérable de T. Parsons n'accorde guère d'intérêt aux tribus du continent africain. Toutefois, l'*homo sociologicus* de la vulgate parsonienne, considérée ici comme représentative de la sociologie américaine des décennies passées, ne se reconnaîtrait sans doute pas dans l'exemple ci-dessus [9]. L'*homo sociologicus* parsonien popularisé dans les « textbooks » refuse d'être limité dans des calculs utilitaires. Dans un essai destiné au grand public, le maître de Harvard s'interpellait :

> « Pourquoi travaillons-nous d'arrache pied ? Fondamentalement, je ne crois pas que ce soit en raison des récompenses que le travail procure. Certes ces récompenses remplissent des fonctions importantes d'enrichissement monétaire, et il est vrai que tout homme est soucieux d'assurer le bien-être relatif de sa famille à laquelle il est attaché. La véritable motivation du travail est ce que mon collègue McCleland appelle « le besoin de réussite » (« The need of achievement »), c'est-à-dire un besoin intériorisé dans la personnalité. Je pense que ce point de vue est aujourd'hui bien fondé. » [10]

Dans le sabir des spécialistes l'*homo sociologicus* de la vulgate parsonnienne est un *être normatif*. L'ordre règne dans une collectivité parce que ses membres partagent en

---

9. Nous disons bien « la vulgate parsonienne » car, comme le montre F. Bourricaud, la pensée de T. Parsons ne correspond pas aux vulgarisations colportées ici et là. F. Bourricaud, *L'individualisme institutionnel*, Paris, P.U.F., 1977.
10. T. Parsons, *op. cit.*, pp. 378-379.

commun des valeurs et des normes qui interdisent par exemple l'emploi de la force réservé aux autorités légitimes. Des rapports pacifiques peuvent s'établir puisque les acteurs sociaux remplissent les rôles attendus — c'est-à-dire circonscrits par des valeurs et des normes. Ces rôles variables selon les sociétés et les situations s'intègrent dans la personnalité des individus. La conformité des individus aux rôles attendus devient l'élément clé du maintien d'un ordre social. Par suite, la socialisation [11] acquiert le status d'un processus fondamental par l'intermédiaire duquel les valeurs et les normes se transmettent et s'inculquent.

En fait, les courants de la pensée sociologique pourraient être répartis selon les solutions qu'ils donnent au problème de l'ordre. Des écrits, parmi lesquels ceux du marxisme vulgaire, mettent en avant le rôle de la contrainte, ou, dans un langage plus au goût du jour, celui de la domination ; des interprétations — en particulier celles des économistes orthodoxes ou d'une poignée de sociologues férus de théorie des jeux — privilégient les raisonnements utilitaristes [12] ; la tradition de l'Ecole durkheimienne ou les tenants du structuro-fonctionnalisme américain penchent plutôt vers des positions normatives [13]. Grosso modo. *Les illustrations précédentes montrent sinon l'arbitraire tout du moins la prétention outrancière de s'en remettre à un seul mode d'interprétation du problème de l'ordre.* Appelant peut-être à la rescousse les films de F. Coppola (*Le Parrain* I et II), des

11. « Nous définissons la socialisation comme étant le processus par lequel, écrit G. Rocher, la personne humaine apprend et intériorise tout au cours de sa vie les éléments socio-culturels de son milieu, les intègre à la structure de sa personnalité sous l'influence d'expériences et d'agents sociaux significatifs et par là s'adapte à l'environnement social où elle doit vivre ». G. Rocher, *Introduction à la sociologie générale*, I — *L'action sociale*, Paris, Seuil, 1968, p. 132.

12. Cf. par exemple. G. Tullock, *Le marché politique*, Paris, Economica, 1978 ; M. Olson, *La logique de l'action collective*, Paris, P.U.F., 1980.

13. Pour les structuro-fonctionnalistes, « le point de départ de l'analyse est la société, vue d'une manière à la fois abstraite et globale. On se demande quelles y sont les fonctions essentielles qui doivent être remplies pour que la société existe, se maintienne et se perpétue. C'est la recherche de ce qu'on a appelé les prérequis fonctionnels ou les impératifs fonctionnels ». G. Rocher, *op. cit.*, t. 2, *L'organisation sociale*, chapitre III « fonction, structure et système », p. 174.

auteurs parsoniens montreraient la place de la loyauté dans la vie quotidienne de la Mafia, ce qui atténue le rôle de la contrainte physique. Les phénomènes d'interdépendance mis en valeur par Gluckman et Sahlins confirmeraient dans leur certitude les adeptes de la solution normative de l'ordre puisqu'ils s'empresseraient de percevoir dans l'interdit de la violence familiale l'emprise d'une structure normative.

> « J'affirmerais pour ma part, déclare R. Dahrendorf à propos des interprétations normatives et conflictuelles que, dans un contexte sociologique, ni l'un ni l'autre de ces modèles ne peut être tenu pour seul valable et adéquat. Tous deux constituent des aspects complémentaires plutôt qu'exclusifs de la structure des sociétés globales aussi bien que de chaque élément de cette structure. Nous n'avons à choisir entre eux qu'en vue de l'élucidation de problèmes particuliers, mais ils figurent côte à côte dans l'arsenal conceptuel de l'analyse sociologique. Quelles que soient les préventions que l'on puisse avoir à l'égard des défenseurs de l'un ou de l'autre de ces modèles, le seul reproche que l'on puisse leur adresser, c'est de prétendre à l'exclusivité. Ces deux modèles sont à proprement parler « valides » tous les deux ou plutôt utiles et nécessaires à l'analyse sociologique. Nous ne pouvons concevoir de société sans prendre conscience de la dialectique de la stabilité et du changement, de l'intégration et du conflit, des fonctions et des motivations, du consensus et de la contrainte. » [14]

Quoi qu'il en soit de la pertinence relative des théories respectives, ces catégories nous permettent d'interpréter des phénomènes bien ordinaires. L'ordre est un attribut voyant des organisations. Ces dernières mobilisent des individus afin d'atteindre des objectifs comme celui du profit dans l'exemple d'une entreprise. Imaginons un instant que dirigeants et subalternes puissent faire tout ce bon il leur semble : les chances ne sont pas minces que cette organisation expérimentale ne disparaisse ou, pour le moins, n'atteigne pas ses buts. Des organisations soucieuses d'établir des rapports stables entre les acteurs sociaux privilégient la contrainte. Ainsi en est-il des prisons ou des camps de concentration. D'autres organisations manipulent des récompenses sous la forme de salaires ou de primes de productivité ; certains organismes jouent avec des éléments normatifs : églises, partis politiques. Dans les faits, la

---

14. R. Dahrendorf, *Classes et conflits de classe dans la société industrielle*, Paris, Mouton, 1972, p. 165.

contrainte, l'utilitarisme, le normatif se chevauchent. Les syndicats américains exhibent pour la plupart un utilitarisme marqué : employés et ouvriers versent des cotisations et suivent les directives des leaders syndicaux en échange de bénéfices attendus comme des augmentations de salaires ou des pensions de retraite plus confortables. Néanmoins, des appareils syndicaux, comme celui des camionneurs, recourent, ici et là, à la violence pour mettre au garde à vous les non-syndiqués. Parfois la contrainte s'auréole de légitimité : le « closed shop system » prévu dans certaines conventions collectives accorde à des syndicats d'outre-Atlantique le monopole de l'embauche. La contrainte par la force sous la forme de milices privées se manifeste de temps à autre dans les ateliers des usines bien qu'en général les entreprises préfèrent les recours utilitaires. Elles manipulent aussi des éléments normatifs : le prestige, gonflé ou reconnu, d'une firme développe l'attachement des cadres supérieurs qui y travaillent ; ailleurs, la dévotion au service de l'Etat compense les salaires plus ou moins médiocres des hauts fonctionnaires.

Les places respectives tenues par la contrainte, l'utilité ou les éléments normatifs permettent à des spécialistes de la sociologie des organisations comme A. Etzioni d'établir des diagnostics qui se fondent sur ces catégories [15]. Le commandant d'un camp de travail soviétique ou le directeur d'une prison ne choisissent pas les pensionnaires des établissements qu'ils dirigent. Précisément, la contrainte physique qui s'y exerce élimine les activités de recrutement. A l'inverse, dans certains organismes (la Franc-Maçonnerie, les Petits Frères des Pauvres) les procédures de sélection des postulants ou d'apprentissage des nouveaux membres y jouent des rôles essentiels. En général, la *peur* commande les attitudes et les actes des membres d'une organisation coercitive ; quand l'utilité prédomine : le *calcul* s'impose comme principe d'action ; l'*adhésion* intime à des valeurs est le précepte des collectivités normatives. Dans les organisations où l'utilité règle le commerce des acteurs qui en font

15. A. Etzioni, *Les organisations,* Gembloux, Belgique, Duculot, 1971.

partie la configuration d'ensemble du pouvoir équivaut à la situation suivante : des rapports de pouvoir plus ou moins équilibrés se font jour mais, à des titres divers, les partenaires en retirent des avantages. En revanche, les organisations coercitives révèlent des inégalités marquées de pouvoir, tandis que les institutions normatives s'efforcent de les justifier en appelant à des valeurs ou à des normes.

MISES EN GARDE ET DÉCISIONS CRITIQUES

Ces interprétations du problème de l'ordre véhiculent des images du « monde » et des acteurs sociaux ; elles imposent des choix de méthode ou d'analyse, lesquels en retour cristallisent les dites images ; elles reflètent des préférences politiques bien que l'observateur s'en défende parfois ou les ignore.

Au cours des années soixante, les libéraux d'outre-Atlantique — i.e., dans notre vocabulaire hexagonal, les réformistes — formulaient le problème de la communauté noire nord-américaine à partir des deux idées maîtresses [16]. Les Noirs, tout comme les Blancs ou les Peaux-Rouges, sont des individus socialisés ; ils incorporent des valeurs et des normes, lesquelles guident attitudes et conduites. L'absence de succès économique et le faible statut social de la communauté noire refléteraient tout à la fois l'influence des inégalités des chances, comme celles des habitants des campagnes du sud, décrites par W. Faulkner, et des ratés de la socialisation. Les Noirs maîtriseraient mal les valeurs du « credo américain » *(American Creed)* (individualisme, concurrence, etc.) alors que ces dernières sont des conditions de réussite sociale. Par contraste, les essayistes conservateurs ou, sans l'ombre d'une polémique, réactionnaires affirment : les « nègres » végètent par suite d'inégalités naturelles, leur quotient intellectuel ne peut rivaliser avec celui de la « race » blanche ; d'autre part, ils ne savent pas saisir au vol les

16. Nous empruntons l'exemple de la communauté noire américaine à J. Horton « Order and Conflict of Social Problems as Competing Ideologies », *American Journal of Sociology*, 71, 1966, pp. 701-713.

chances de promotion de la société américaine ou les occasions de « faire de l'argent » dans un régime capitaliste. Pour le libéral, la conformité devient le sésame de la réussite pour la communauté noire : c'est l'assimilation complète aux valeurs et aux normes de la société américaine qui éliminera la question noire. Au regard de l'action politique, de tels jugements impliquent de moderniser les écoles, d'améliorer l'enseignement des Noirs, de construire des centres d'apprentissage à l'aide de fonds publics.

En somme, les libéraux affectionnent l'interprétation normative. L'ordre social dans la société américaine s'identifie à un consensus de valeurs et de normes intériorisé par les citoyens ; le problème noir traduit des écarts entre l'existence des valeurs du « credo américain », comme celui de l'égalité des chances et les moyens dont disposent certains groupe sociaux pour les faire leurs ; le rejet de la communauté noire disparaîtra dans la mesure où cette dernière incorpore les données du consensus américain. Ce genre d'analyse ne convainc guère les avocats du « pouvoir noir » qui traduisent la question noire en termes de contrainte. Des groupes sociaux — Angela Davis parle de classes — porteurs d'intérêts et de valeurs divergents s'affrontent, certains disent que ce sont des institutions telles que l'Ecole, la Police, la Justice, qui permettent aux Blancs d'imposer leur domination. La lutte devient le leitmotiv du « pouvoir noir » : détruire ou saper les structures de la domination des « sales Blancs », et simultanément affirmer l'identité de la communauté noire quand bien même ses valeurs ne s'accordent pas avec celles du « rêve américain ».

Les bons sentiments des libéraux et les discours révolutionnaires des « Panthères Noires » agacent les utilitaristes [17]. La lutte armée entraîne des coûts, et rien n'assure que le lumpenprolétariat des ghettos ne préfère la paix civile dans la pauvreté à la guerilla urbaine. Pour une communauté minoritaire, comme celle des Noirs, l'option de la violence ressemble en effet au jeu de la roulette russe :

17. Cf. en particulier l'ouvrage de l'économiste noir américain Th. Sowell, *Knowledge and Decision,* New York, Basic Books, 1980.

d'un coup tout peut être perdu. Mais l'interprétation utilitariste, tant s'en faut, ne verse pas dans la désespérance. Les Noirs disposent de biens qu'ils peuvent échanger avec le « pouvoir blanc » moyennant des contreparties. Les candidats à la présidence des Etats-Unis le savent d'expérience : « le vote noir » décide parfois du résultat des élections ; les firmes n'apprécient guère le boycott d'achat des produits qu'elles commercialisent. Néanmoins, les libéraux normatifs et les utilitaristes se rencontrent car les programmes de réformes qu'ils formulent de part et d'autre s'inscrivent dans le cadre du « système » existant ; ceci les oppose au projet du « pouvoir noir » soucieux de ne pas être récupéré par la société dominante.

Le piège de l'innocence politique est ainsi une chausse-trape dont le sociologue doit bien se garder. Toutefois, cet avertissement préalable importe moins que les choix circonspects de stratégie de recherche et de conceptualisation auxquels l'observateur est affronté.

Soit l'exemple d'une entreprise. En termes explicites ou tacites, nous projetons à qui mieux mieux sur cette institution familière des images du contrat ou de l'organisme. Sous la représentation d'un « organisme », la firme apparaît comme une entité mue par une vie propre : l'entreprise « croît », « change », « disparaît », selon le parler populaire ; la firme poursuit, affirme-t-on, des buts de maximisation des taux de profit ou de croissance des activités ; l'entreprise, aime-t-on répéter, doit maintenir sa cohérence et survivre. Cette firme n'existe pas, sinon dans le firmament de certains sociologues, répondent les « contractualistes »[18]. En réalité, actionnaires, patrons, cadres, ouvriers coopèrent de bon gré ou sous l'urgence de la nécessité. Les actionnaires s'attendent à des dividendes élevés ; les cadres dirigeants salariés préfèrent peut-être aux taux de profit des politiques de croissance englobant de

18. Une recension des théories dominantes dans l'analyse des organisations est présentée sous cet angle par M. Keeley, « Organizational Analogy : a Comparison of Organismic and Social Contract Models », *Administrative Science Quarterly*, 1980, *25*, 2, pp. 337-363.

firmes concurrentes ; les ouvriers réclament sans doute des hauts salaires et des horaires de travail réduits. Selon la vision organiciste, tout se passe comme si l'entreprise avait des buts, marquait des intentions, manifestait des volontés. L'image du contrat dévoile un autre tableau. Des acteurs sociaux — et en première ligne, les dirigeants membres de ce que R. Cyert et J. March appellent la « coalition dominante » (conseil d'administration, directeurs, etc.) — formulent, négocient, sélectionnent, imposent des buts *pour* l'entreprise ; à leur manière, les subalternes assignent eux aussi des objectifs à l'entreprise : ainsi le succès des revendications salariales peut se traduire par une baisse de la rentabilité des firmes [19]. Les objectifs transcendants *de* l'entreprise-organisme font place aux objectifs *pour* l'entreprise imposés ou négociés par des acteurs qui constituent dans la représentation du contrat la réalité de la firme. Prenons-en bonne note : la firme comme institution contractuelle ne renvoie ni à des connotations d'harmonie sociale naturelle ni à l'égalité des partenaires. Cette conception se distingue aussi de celle de l'économie néo-classique qui réduit l'entreprise à un agent unique homogène d'action poursuivant sans coup férir, avec plus ou moins de succès, une logique de maximisation du profit.

Le débat est d'importance. Le choix de l'image de la firme-organisme impose un niveau d'analyse : celui d'un ensemble, l'entreprise, vu sous l''aspect d'un « tout » [20]. Ensuite, si la totalité-entreprise possède des objectifs, son bon fonctionnement requiert l'adhésion des gens qui y travaillent grâce à la conformité induite par contrainte, utilité ou inculcation normative aux buts. La cohérence de l'entreprise naît précisément de la logique de ses buts. Dans

19. R. Cyert, J. March, *Les processus de décision dans les entreprises*, Paris, Dunod, 1970.

20. Cette représentation correspond au « réalisme totalitaire » dont parle J. Piaget : « Il y a (...) parmi les types d'explication sociologique, le réalisme totalitaire : le tout est un « être » qui exerce ses contraintes, modifie les individus (leur impose sa logique, etc.) et demeure donc hétérogène aux consciences individuelles telles qu'elles seraient indépendamment de leur socialisation », J. Piaget, *Etudes sociologiques*, Genève, Droz, 1955, p. 145.

cette perspective, l'idée fixe de l'entreprise-organisme est celle d'une véritable « emprise ». C'est d'ailleurs le titre significatif d'un ouvrage qui développe une conception organiciste de l'entreprise : *L'emprise de l'organisation.* La multinationale décrite par M. Pagès *et al.* poursuit des finalités et, pour ce faire, impose son emprise grâce à des manipulations diverses — y compris psychanalytiques.

> « L'emprise s'exerce, affirment M. Pagès et ses collaborateurs, au niveau inconscient et modèle en profondeur des structures de la personnalité. L'organisation fonctionne comme machine à plaisir et machine à angoisse, elle stimule un processus psychologique, un cycle autoreproducteur où l'angoisse alimente la recherche d'un plaisir agressif lui-même générateur d'angoisse. L'individu tend à investir l'organisation, son idéologie et ses règles, le travail qu'elle lui procure et la reproduit ainsi de façon plus sûre et en même temps plus souple et plus adaptée que s'il était l'objet d'une contrainte directe. Il la vit comme une drogue dont il ne peut se détacher. (...) La centralité du contrôle de l'organisation est maintenue au niveau économique, politique, idéologique, psychologique... L'organisation investit l'individu de tous côtés de manière cohérente, car à tous les niveaux l'organisation produit l'individu et l'incite à la reproduire à sa façon. En même temps, chaque moyen d'emprise est un élément des autres. Par exemple, le pouvoir économique de l'organisation renforce son pouvoir psychologique car son image de puissance entretient l'angoisse en même temps qu'elle sert de support à l'identification. L'idéologie de l'entreprise est d'autant mieux acceptée qu'elle s'inscrit dans des pratiques économiques, notamment ses politiques de personnel. Symétriquement l'adhésion idéologique et psychologique renforce le pouvoir économique de la firme, fortifie la crédibilité de ses politiques. L'emprise du système provient de sa globalité et de sa cohérence, davantage que d'aucun élément pris en particulier. » [21]

Par contraste, la figure du contrat suggère une unité d'analyse différente : l'*acteur* — dont l'existence n'évoque ni des conduites isolées, schizophrènes à la Robinson Crusoé, ni celle du démiurge qui évoluerait comme bon lui semble. *Par définition, l'image du contrat n'envisage pas un acteur en soi, isolé, atomisé mais sans cesse en rapport avec d'autres acteurs rivaux ou alliés dans l'accomplissement des buts qui lui agrée.* Si les acteurs, et certains d'entre eux sont plus favorisés que d'autres, définissent, négocient, imposent des

21. M. Pagès et *al.*, *L'emprise de l'organisation,* Paris, P.U.F., 1979, pp. 37, 38-39.

buts à l'entreprise, la situation appelle donc la reconnaissance d'une *latitude d'action* aux acteurs sociaux. Les chapitres suivants en préciseront l'importance.

Le rapport à autrui entretenu par les acteurs sociaux dissipe une objection banale à l'image du contrat : la firme ne se réduit pas à une somme d'individus ou de groupes. La cohérence de l'entreprise, ses buts, sa fonction de bien-être, comme disent les économistes, bref, les *propriétés collectives* de ce que nous appelons le « tout » deviennent *des conséquences* de l'*action commune de ses membres.* La logique du profit guide l'entreprise capitaliste par suite de l'action même de certains de ses membres. Certes, la contrainte, la recherche d'utilité, l'adhésion à des valeurs engendrent et maintiennent l'action commune mais, si les buts correspondent plutôt à des préférences ou à des conséquences, leur aspect de finalités prédéterminées se dissipe. Au contraire, dans le cadre de pensée du contrat, les acteurs sociaux, selon leur capacité d'initiative, de contrôle des ressources ou de choix des préférences, promeuvent des buts plus ou moins stables — sans omettre le fait brutal de l'incompatibilité éventuelle des objectifs.

Du point de vue des membres-dirigeants les conduites de certaines grandes entreprises semblent raisonnables, même si à terme elles peuvent entraîner des effets préjudiciables au succès des firmes [22]. Quand le bien-être des directeurs découle de salaires élevés, de voitures de fonction renouvelées à chaque salon de l'auto, d'un bureau égayé de fleurs naturelles, de l'élimination et de l'absorption de concurrents ou de gros chiffres d'affaires, les taux de profit se dégradent parfois et les dividendes des actionnaires diminuent par suite de ces pratiques. Bien que personne peut-être ne semble avoir ni souhaité, ni prévu ce résultat, les acteurs membres de ces firmes découvrent à l'occasion d'une crise la faiblesse des réserves financières [23]. De la même manière, en face d'une inflation tenace, des salariés obtiennent des augmentations,

---

22. R.H. Hays et W. Abernathy, « Les faiblesses de la gestion américaine », *Harvard-L'Expansion,* n° 19, Hiver 1980-81, pp. 9-23.
23. Cf. l'analyse de la théorie économique des droits de propriété présentée par H. Lepage dans *Demain le capitalisme,* Paris, Pluriel, 1978.

mais les cas ne sont pas rares où les gains individuels aggravent le phénomène collectif dont ils cherchent à se prémunir.

Cette concurrence entre les images de l'organisme et celles du contrat nourrit les débats de la critique sociale contemporaine. La « société industrielle avancée » d'H. Marcuse est un « appareil de production et de distribution... fonctionnant comme un système qui détermine a priori ce que l'appareil doit produire ainsi que les moyens de l'entretenir et d'étendre son pouvoir (...). L'individu est entièrement pris par la production et la distribution de masse. Il n'y a pas une adaptation mais une *mimesis*, une identification de l'individu avec sa société, et à travers elle avec la société en tant qu'ensemble » [24].

D'ailleurs H. Marcuse agrandit volontiers le champ de l'image de l'organisme. La société, le « grand tout », dans un essai comme *L'homme unidimensionnel*, détermine les parties ; quant à l'individu, il apparaît sous le visage d'un automate et d'une décalcomanie de la « société », carapaçonné et manipulé par le « système ». Sur l'autre versant, les économistes néo-classiques, les politologues et quelques sociologues s'exclament — et sans doute est-ce pour faire balle sur les opinions publiques— « la société n'existe pas » [25]. Seule réalité tangible et à ce titre analysable : des acteurs sociaux porteurs d'intérêts et exprimant des choix. Certes, bien qu'il faille tout de suite rappeler : *en rapport*

---

24. H. Marcuse, *L'homme unidimensionnel*, Paris, Editions de Minuit, 1968, pp. 21 et p. 35. Sur ce point on se reportera aux articles de F. Bourricaud, « L'idéologie du grand refus », in *Science et conscience de la société*, Mélanges en l'honneur de Raymond Aron, Paris, Calmann-Lévy, 1971, tome 1, pp. 443-472 ; *id.*, « Contre le sociologisme : une critique et des propositions », *Revue Française de Sociologie*, XVI, supplément 1975, pp. 583-603.

25. A titre d'exemples, citons les contributions de F.A. Hayek, *Individualisme and Economic Order*, Londres, Routledge & Kegan Paul, 1976 ; J.C. Harsanyi, « Rational Choice Models of Political Behavior vs. Functionalist and Conformist Theories », *World Politics*, vol. xxi, juillet 1969, 4, p. 513-539 ; *id.*, « Individualistic and Functionalistic Explanation in Light of Game Theory : the Example of Social Status » in I. Lakatos et A. Musgrave (sous la direction de) *Problems in the philosophy of Science*, Amsterdam, North Holland, 1968, pp. 305-322 ; L.V. Mises, *Human Action*, New Haven, Yale University Press, 1949 ; Sowell, *op. cit.*

avec autrui. Ces liens avec les autres donnent naissance à des « groupes », à des « organisations », à des « classes », selon que nous ayons affaire à des rapports, formels ou tacites, d'associés et de rivaux.

Résumons-nous : les jugements critiques pour étudier le problème de l'ordre social recouvrent :

1) *Le choix* de l'unité d'analyste : l'analyste doit-il retenir des acteurs sociaux en rapport avec autrui ou à l'inverse des totalités ?
2) *Le modus operandi des propriétés collective :* celles-ci correspondent-elles à des finalités transcendantes ou à des conséquences de l'action commune ?
3) *Le status des acteurs :* les acteurs sociaux sont-ils réductibles à des fac-similés de structures ou doit-on les représenter comme *porteurs de capacités stratégiques* ? [26]

PARTI PRIS : UNE PERSPECTIVE COGNITIVE DE L'ORDRE SOCIAL

Nous appelons « parti pris » les réponses plus ou moins subtiles à ces questions. L'observateur-sociologue situe toujours ses travaux, quand bien même porteraient-ils sur des objets minuscules, dans un cadre de références dont l'influence lui échappe parfois. Les perspectives de l'organisme ou du contrat qualifiés par exprès d'images lui permettent de projeter des significations et des représentations. Le spécialiste se trompe ou abuse le grand public quand il affecte de traiter comme « scientifiques » ces cadres de références. Néanmoins, les rejeter dans la fourrière des idéologies semble une réaction excessive dans la mesure où ils sont justifiables d'une expression un tant soit peu précise et contrôlée. Dénommons scientifique, pour éviter des débats sans fins, les grandes lignes de la démarche intellectuelle qui explicite d'abord des concepts, formule des

26. *C'est-à-dire l'aptitude, qui est variable, de l'individu à élaborer des répertoires d'actions possibles et probables.*

hypothèses susceptibles d'être soumises à des épreuves de validation grâce à des données recueillies avec méthode [27].

Dans cette perspective d'analyse, les démarches suivantes représentent un effort de mise en forme, et à ce titre redevable d'enquêtes empiriques rigoureuses, d'un cadre d'étude de l'ordre social. Une idée force se dégage des pages suivantes : *le contraste entre le chaos et l'ordre*. L'esprit humain conçoit mal l'expérience tirée du chaos. A bien y regarder, l'état de nature dont parle Hobbes diffère du chaos [28]. La brutalité de la guerre de « chacun contre chacun », de « tous contre tous » semble inconcevable sans le prérequis d'un sentiment d'ordre. J'écharpe les voisins, je kidnappe les femmes des compères en vue d'établir une nouvelle répartition des biens mais, pour ce faire, il me faut maîtriser l'idée même de répartition. Dans l'expérience pure du chaos, nous l'avons dit, tout, n'importe quoi peut survenir. Mieux encore, dans le chaos idéal, aucune forme ne se fixerait : elles seraient toutes concevables et réalisables. L'état qui traduit sans doute le mieux le chaos correspond à la notion de « l'aléatoire » formulée par la théorie statistique. Dans ce cas, l'observateur ignore tout des chances de l'apparition d'un phénomène. En revanche, si le spécialiste connaît l'état présent d'une situation et peut prévoir avec certitude son état futur, un déterminisme régit le phénomène étudié. Entre ces deux pôles s'intercale la situation — stochastique disent les experts c'est-à-dire, la présence d'éléments imprévus — où l'analyste réussit à établir les probabilités de l'occurrence d'un phénomène. Ainsi, dans un jeu de roulette au casino, le statisticien calcule les chances de bonne ou de mauvaise fortune sans prétendre fixer les résultats effectifs de toutes les parties.

27. Pour une mise au point des débats contemporains sur le status de « science » des sciences sociales, cf. D. Bloor, *Knowledge and Social Imagery*, Londres, Routledge & Kegan Paul, 1976 ; H. I Brown, *Perception, Theory and Commitment : the New Philosophy of Science*, Chicago, University of Chicago Press, 1977.

28. Cf l'analyse de H. Mehan, H. Wood, *The Reality of Ethnomethodology*, New-York, John Wiley, 1975, en particulier le chapitre 9 « The Structuring of Social Action », pp. 179-192.

Une situation caractérisée par un ordre total serait donc celle où règnerait la certitude [29]. Les automates électroniques illustrent cette catégorie d'un ordre total car les opérations effectuées s'enchaînent les unes avec les autres suivant des programmes préétablis. Des ingénieurs en gestion rêvent parfois d'une entreprise ou d'une bureaucratie d'Etat idéales où tout pourrait être programmé en ce sens que, par exemple, les subalternes exécuteraient sans défaillance et avec automatisme les directives du siège social. Si tout est programmé ou programmable, l'idée d'automatisme supplante celle d'action — ce qui n'est pas la même chose. Situation inverse, le chaos pur rejette de même l'idée d'action : on ne sait quoi faire car tout est imaginable. Dès lors, dans l'action, les acteurs sociaux, d'une part, découvrent et manipulent des constantes — sinon comment agir ? ; d'autre part, ils ne peuvent prévoir tous les états d'une situation — sinon pourquoi agir ? *Dans ce livre, l'ordre social*, défini sous l'aspect des rapports qui s'installent entre les individus ou les groupes, *est toujours d'une manière ou d'une autre un phénomène organisé où s'enchevêtrent prévisible et contingence*. Justement ce caractère organisé de l'ordre social se présente comme une réponse aux sentiments variables et imprévisibles d'incertitude qui caractérisent les rapports sociaux. Dans un contexte d'incertitude [30], les individus ou les groupes ne possèdant que des données partielles ou inadéquates sur leurs positions réciproques, les

29. Les phénomènes d'ordre et d'organisation sont étudiés par W. Buckley, *Sociology and Modern Systems Theory*, Englewood Cliffs, New Jersey, Prentice Hall, 1967 ; Ch. Roig, « La théorie générale des systèmes », in *Revue Française de Sociologie*, XI-XII, Numéro Spécial, 1970, pp. 47-97.

30. Avec plus de précision, un acteur social éprouve des sentiments d'incertitude par suite :

a) d'un défaut d'information sur le système d'action dans lequel il se trouve engagé. (i) L'acteur ne peut prévoir avec certitude les événements susceptibles d'affecter ses choix ou (ii) il ne connaît pas avec précision les liens de causalité entre les éléments qui l'entourent ;

b) des caractéristiques intrinsèques au système : (i) ce dernier est instable ou (ii) l'acteur n'a pas ou peu de contrôle sur l'environnement. Cf. R.B. Duncan, « Characteristics of Organizational Environment and Perceived Environment Uncertainty », *Administrative Science Quarterly*, *17*, 3, 1972, pp. 313-327.

uns et les autres anticipent mal ou peu les attitudes et les conduites ; ou encore, les parties en présence discernent avec peine les conséquences de leurs actions.

Ce trait de phénomène organisé et son corollaire, les sentiments d'incertitude, sous-tendent l'ensemble de notre démonstration. Selon quelles modalités et dans quelles conditions les rapports avec autrui s'instaurent-ils ? La réponse offerte est celle d'une interprétation particulière de l'action, connue sous l'étiquette d'action sociale.

Ouvrages et articles de référence

R. Boudon, *Effets pervers et ordre social*, Paris, PUF, 1977.

R. Boudon, *La logique du social*, Paris, Hachette, 1979.

P. Bourdieu, *Le sens pratique*, Paris, Editions de Minuit, 1980.

F. Bourricaud, *L'individualisme institutionnel*, Paris, PUF, 1977.

Th. Burger, « Talcott Parsons, the Problem of Order in Society and the Program of an Analytical Sociology », *American Journal of Sociology*, 83, 2 sept. 1977, pp. 320-340.

M. Clarke, « Some Reflections on the Problem of Order in Sociology », *Sociological Analysis and Theory*, V, 2, juin 1975, pp. 255-264.

D.P. Ellis « The Hobbesian Problem of Order : A Critical Appraisal of the Normative solution », *American Sociological Review, 36*, 3, 1971, pp. 692-703.

R.A. Nisbet, *La tradition sociologique*, Paris, P.U.F. 1981.

R. Wippler, « The Structural Individualistic Approach in Dutch Sociology », *The Netherlands Journal of Sociology*, 1978, 14, pp. 135-155.

1

Le principe de l'ordre social : l'autre et moi

CHAPITRE PREMIER

L'ACTION SOCIALE : L'ORGANISATION DE LA DIVERSITE

Voici la scène banale d'un vaudeville imaginaire. En fin de soirée, Jean, jeune cadre dynamique d'une société multinationale, converse au téléphone avec Carolyn, une stagiaire envoyée par le siège social new-yorkais. L'échange téléphonique s'inscrit dans un contexte de communication formé d'éléments hétérogènes :

— des individus ;
— des objets matériels (la ligne et les appareils téléphoniques) ;
— des objets culturels comme la langue.

Jean et Carolyn occupent des positions sociales : Jean téléphone, il joue un rôle d'émetteur ; la place de Carolyn est celle d'un récepteur. Jean appelle Carolyn dans une intention précise puiqu'il projette d'aller passer le week-end à Amsterdam et qu'il trouverait agréable de fréquenter les bars de marins du Zeedijk en la compagnie d'une jeune femme. Jean s'exprime en anglais car Carolyn ignore tout de la langue de San-Antonio, il flatte et câline l'interlocutrice. Carolyn répond : « Oh, c'est très gentil. Mais,... voyons... j'aimerais bien me rendre à la fête de l'Humanité, dimanche ». Et dans son for intérieur, la jeune femme murmure (« Bizarre. La photo de son épouse traîne en bonne place dans son bureau ») bien qu'elle déclare d'une voix suave : « Je vais réfléchir, Jean. Rappelez-moi demain »...

Cette séquence de la vie quotidienne illustre un *système d'action sociale* dont il faut préciser les grands traits [1] ; l'échange de propos qui s'instaure entre deux acteurs sociaux, Jean (*Ego*, Moi) et Carolyn (*Alter*, Autrui), forme un *système*.

(i) La situation correspond à une *entité* relativement individualisable qui se détache du milieu dans lequel elle s'inscrit ;

(ii) cette entité ou *système d'action* procède à des échanges avec l'*environnement* — c'est-à-dire tout élément extérieur au système, susceptible d'agir sur ce dernier. Le coup de fil entre les deux personnes, ego et alter, est en effet une activité repérable différente d'autres occupations ; en même temps, la communication téléphonique se déroule dans un environnement avec lequel elle interfère : le jeune cadre suspend son tour de charme car sa femme entre dans le bureau ;

(iii) de plus, un système se distingue par la présence de *relations*, de liens entre les objets qui le composent.

Dans notre exemple, les positions sociales d'émetteur ou de récepteur se définissent l'une par rapport à l'autre. Jean est émetteur puisqu'il s'entretient avec Carolyn. Dans un système, les états des éléments dépendent des états des autres acteurs et des autres objets. Aussi tout fait de langage implique-t-il une prise de contacts réciproques, l'établissement de liaisons entre deux acteurs au moins dont l'un, ego, exprime un message tandis que l'autre, alter à qui le message est adressé, prend une attitude de réception. Ego se manifeste d'une certaine manière afin de transmettre aux alter-récepteurs un contenu propre.

L'idée *d'action* dénote en premier lieu la présence de *comportements orientés* [2]. Les conduites de Carolyn et de Jean renvoient à des objectifs plus ou moins clairs, plus ou

---

1. L'étude des systèmes est développée par exemple dans : W. Buckley, *op. cit.*, J. Lesourne, *Les systèmes du destin*, Paris, Dalloz, 1977 ; Ch. Roig, *op. cit.* ; B. Walliser, *Systèmes et modèles*, Paris, Le Seuil, 1977.

2. G.A. Miller & *al.*,*Plans and the Structure of Behavior*, New York, Holt, Rinehart and Winston, 1960 ; H.R. Alker, « Le comportement directeur », *Revue Française de Sociologie*, XI-XII, Numéro Spécial, 1970-71, pp. 99-122.

moins réflexifs ; elle révèlent des préférences. Un locuteur quelconque a pour le moins une intention, celle de se faire comprendre par des alter ; l'acteur-récepteur, lui, ne réagit pas en toutes circonstances aux énonciations produites par ego, mais, même s'il ne comprend pas toujours le contenu transmis, il n'en reste pas moins que l'acte intentionnel de parler de ego subsiste. Ensuite, l'idée d'action renvoie à des activités de *transformation*. Les protagonistes d'un système d'action sociale agencent des flux de ressources composites appartenant à trois catégories fondamentales : la matière, l'énergie et l'information. Parler nécessite des cordes vocales qui fonctionnent, la maîtrise d'une langue et la connaissance des conventions sociales indiquant les façons de parler ou les manières de se taire. L'action est en effet sociale non seulement par le nombre des acteurs ($N \geqslant 2$) mais aussi par l'usage d'éléments collectifs comme la langue, indépendante des individus, et de la présence de significations compréhensibles aux partenaires d'un système d'action. Ainsi donc, le schéma de l'action sociale qui s'esquisse met en relief les éléments suivants :

— *des acteurs*, individus ou groupes,
— engagés dans une *situation* dont les caractéristiques sont plus ou moins contraignantes,
— poursuivent des *buts* et, pour ce faire,
— manipulent des *ressources* qui se traduisent en des
— comportements *significatifs*.

LA NATURE COGNITIVE DE L'ACTION SOCIALE

Les faits et gestes des acteurs sociaux deviennent significatifs par suite des cadres cognitifs qui enserrent l'agencement des éléments de l'action sociale. Bien souvent, le terme cognitif s'entend dans le sens de données factuelles. Les politologues désignent sous le vocable d'élément cognitif les informations, comme celles consignées dans un programme électoral dont disposent les citoyens pour choisir un candidat. Un second usage répandu associe le terme cognitif aux connaissances nécessaires aux individus pour agir. Par exemple, le fait de communiquer requiert chez les partenaires d'une conversation l'exercice de connaissances tant de la langue que de leurs positions sociales respectives. L'expression retenue ici déborde ces usages habituels. Sont cognitives *les activités mentales de perception, de mémoire, de représentation par l'intermédiaire desquelles les acteurs sociaux enregistrent, élaborent, transforment, utilisent, réactualisent les stimuli présents dans un contexte d'action* [3]. A bien y voir, deux idées se glissent dans cette conception du cognitif familière aux psychologues contemporains :

d'une part, l'*univers de l'action est fondamentalement de l'ordre des représentations* ou, selon la formule des spécialistes, de l'univers des « cognitions » ;

d'autre part, l'*individu*, quant bien même n'assumerait-il que des activités à première vue routinières, *y apparaît toujours sous le visage d'un être agissant.*

Reconnaître l'omniprésence de la nature cognitive de l'action véhicule en effet une image de l'agent qui le distingue de celle du behaviorisme répandu en sociologie selon lequel les stimuli déterminent les réponses [4]. Mais laissons plutôt S. Moscovici décrire avec simplicité les contrastes qui distinguent l'analyse cognitive du behaviorisme :

> « La plupart des théories présentent l'individu comme une machine à apprendre, à répondre à un stimulus, à un milieu bien formé, à généraliser un comportement d'un objet à un autre, à discriminer deux objets selon une dimension qui leur a été indiquée, les autres hommes à qui il a affaire n'étant considérés qu'en objets stimulés ou données quelconques du milieu ; machine à réagir, machine passive donc... Pourtant, intuitivement, nous savons que tout organisme est actif, travaille à satisfaire de nombreux besoins dont celui d'activité, et qu'il essaie toujours d'aller au-delà du donné. Il fait des hypothèses, recherche des significations, transforme des objets, corrige les déséquilibres de son univers de vie et, jusqu'à un certain

---

3. Cf. par exemple U. Neisser, *Cognitive Psychology*, New York, Appleton-Century- Crofts, 1967 ; M.I. Posner, *Cognition*, Glenview, Illinois, Scott, Foresman & Co, 1973.

4. Sous sa forme la plus simple le behaviorisme correspond au schéma S-R (stimulus-réponse). Les stimuli correspondent à « tout changement du milieu ou fraction de changement qui provoque une activité nerveuse déterminée d'un organisme, celle-ci se traduisant le plus souvent par une réaction ». On entendra par réponse ou réaction « l'activité de l'organisme dont l'apparition est déterminée par une modification du milieu, externe ou interne ». J.F. Le Ny *Le conditionnement*, Paris, P.U.F., 1969, pp. 165-167.

point, le constitue. Le sujet sur lequel on travaille dans les expériences, enfermé dans un laboratoire, harnaché, instruit, obligé d'appuyer sur un bouton, est supposé avoir la tête « vide » — la fameuse « boîte noire » des behavioristes. En vérité, ce sujet mène une double vie ; d'un côté, il exécute ce qui lui est demandé et, d'un autre côté, il élabore sa petite théorie intérieure sur l'expérience, sur l'expérimentateur, il s'ennuie ou s'amuse. L'expérimentateur, quant à lui, semble ignorer cette dualité ou fait comme si elle n'existait pas. Le savant, c'est lui : il lui revient donc de définir la réalité. Mais nous sommes tous des savants, et chaque individu, dans le cadre de vie qui lui est assigné ou qu'il a choisi, se forge sa propre doctrine à propos de ce qui lui arrive ou de ce qui arrive à d'autres... Cette production intellectuelle est dans la société extraordinaire » [5].

Sans verser dans l'outrance, le schéma du behaviorisme imprègne la plupart des travaux de sociologie et en premier — la remarque surprendra sans doute — les études d'une facture empirique. Le comptage des opinions ou des préférences électorales, le dénombrement des modes de consommation, le recensement des actes de criminalité conduisent les travaux les plus modernistes à formuler des modèles statistiques sous la forme $y = f(x_1, x_2, ..., x_n, e)$, où y représente les fréquences d'attitudes ou de conduites (par exemple, le vote d'extrême-droite, la fréquentation des salles de cinéma, la criminalité des hommes d'affaires) ; $x_1, x_2, ... x_n$, sont les variables explicatives des fluctuations de y ; $x_1, x_2, ... x_n$ traduisent des facteurs caractéristiques de l'environnement social, familial ou scolaire ; le terme e recouvre des éléments aléatoires supposés influencer les probabilités d'apparition des comportements, mais dont on ne cherche pas à rendre compte d'une manière explicite.

Dans les termes du schéma behavioriste, la variable y est celle d'une réponse (R) tandis que les facteurs $(x_1, x_2, ... x_n)$ désignent les stimuli (S). Dans le modèle statistique ci-dessus, tout se passe comme si les comportements y étaient le produit direct de l'ensemble des variables d'environnement $(x_1, x_2, ..., x_n)$. Ces dernières sont les « causes » de y. Ce mode d'interprétation peut être qualifié de « déterminisme probabiliste environnementaliste » car l'acteur disparait en tant qu'individu agissant [6].

---

5. S. Moscovici, *Introduction à la psychologie sociale*, Paris, Larousse, 1972, t. 1, pp. 59-60.

6. Cf. R. Boudon, « Les limites des schémas déterministes dans

Dans un cadre d'étude behavioriste, les stimuli et plus spécialement les attributs qui y sont attachés déterminent les réponses des individus. Tout se passe comme si l'individu enregistrait *passivement* les données sur soi ou sur le monde extérieur. Cette décalcomanie ne sied pas aux analyses cognitives, dont les expériences de laboratoire ou les observations montrent le phénomène suivant : *un individu sans cesse « construit » ou « reconstruit » les stimuli ; l'acteur social sélectionne ou élimine des traits, il y projette des intentions ou des sens ; en outre, l'individu isole des « formes » ou structures, il établit des catégories, lesquelles d'ailleurs lui permettront de reconnaître à l'avenir des stimuli.* Selon l'expression bienvenue de J. Bruner, l'acteur social va toujours *« au-delà de l'information donnée »* [7] il œuvre dans une sphère de « représentations » [8].

Cependant l'influence de la langue sur la perception et sur les constructions de la réalité ne semble-t-elle pas contradictoire avec les interprétations cognitives ? En effet, l'hypothèse fort connue de l'anthropologue Sapir reprise par B.L. Whorf semble prendre à contrepied les déclarations précédentes. L'hypothèse Sapir-Whorf correspond à l'idée suivante : la discrimination perceptive est subordonnée à la catégorisation linguistique ; cette dernière perpétue une « vision du monde », « un monde réel » différent selon la communauté linguistique [9]. Whorf découvre qu'une chose représentée par un mot est conçue différemment en fonction des langues parlées ; la langue est « le monde dans lequel l'esprit de l'enfant est versé ». Certaines tribus d'Indiens nord-américains n'établissent pas de distinction entre les

---

l'explication sociologique », *Revue européenne des sciences sociales*, 1976, XIV, 38-39, pp. 417-435.

7. J.S. Bruner, *Beyond Information Given*, New-York, W.W. Norton, 1973.

8. On doit au linguiste N. Chomsky l'attaque la plus radicale, et nous semble-t-il décisive, contre le schéma behavioriste développé par B.F. Skinner. N. Chomsky, « Un compte rendu du « Comportement verbal » de B.F. Skinner », *Langages*, 16, décembre 1969, pp. 22-23, Laroussse, Paris.

9. A. Zempléni, « Milieu africain et développement cognitif », in F. Duyckaerts *et al.*, *Milieu et développement*, Paris, PUF, 1972, pp. 151-213.

noms et les verbes, d'autres communautés mélangent les temps du passé, du présent et du futur, ou encore le langage ne permet pas de différencier les couleurs du gris et du brun. Les Américains blancs, bien que leurs traits biophysiologiques ne diffèrent pas de ceux des Indiens, reconnaissent le brun du gris aux mots qui les identifient. A la suite de Whorf, plusieurs enquêtes comparatives établissent des différences de perception des couleurs eu égard aux vocabulaires disponibles [10]. Quand un sujet de langue anglaise divise le spectre des couleurs en six catégories (bleu, vert, etc.), les langues vernaculaires shona ou bassa parlées en Rhodésie ou au Libéria n'en retiennent que quatre ou deux. Les Hanuos des Philippines possèdent 92 termes pour désigner les types et les qualités de riz tandis que les Eskimos utilisent plusieurs expressions pour identifier l'objet « neige ». Aujourd'hui, les spécialistes doutent d'une influence directe du langage sur les perceptions : le fait que les Français ou les Bororos ne possèdent pas la même gamme linguistique que l'Eskimo pour désigner différentes sorte de « neige » ne prouve pas qu'ils sont incapables de percevoir les différences désignées par la langue eskimo ; en revanche, la psychologie comparative s'accorde à reconnaître qu'un objet d'importance pour une communauté, comme peuvent l'être la neige et le riz, multiplie les modes d'expression qui s'y rapportent et, partant, ce codage linguistique influence la réception des informations.

La mort est un phénomène qui intrigue mais si d'aucuns prétendent savoir à quoi elle correspond, personne à notre connaissance n'a pu valider les assertions qu'ils formulent. Néanmoins, en face d'un phénomène somme toute repérable par des critères accessibles à tous, les *représentations* projetées par les acteurs sociaux *varient* [11]. Des individus associent la mort à des représentations d'événement ou d'état. L'événement le plus commun correspond à la fin de la

10. R. Brown, *Social Psychology*, Glencœ, Free Press, 1965 ; J.A. Fishman, « A Systematization of the Worfian Hypothesis », *Behavioral Science*, 1960, 5, pp. 323-339 ; C.M. Eastman, *Aspects of Language and Culture*, San Francisco, Chandler and Sharp, 1975.

11. K. Charmaz, *The Social Reality of Death*, Reading, Mass., Addison-Wesley, 1980.

vie biologique ; spontanément cet événement nous semble un point spécifique, identifiable sur l'axe du temps (« il est mort à 3 h 03 »), tandis que le corps médical l'envisage plutôt à notre époque comme un processus dont les frontières sont encore mal connues. De même, plusieurs représentations accompagnent l'idée d'extinction de la vie biologique qui indique la disparition à tout jamais d'une personne ou qui marque un état de transition conduisant à la béatitude ou à la malédiction éternelles. D'ailleurs, le langage quotidien de la mort fluctue selon les représentations que les acteurs sociaux véhiculent. Le parler du monde médical aseptise l'événement quand un communiqué annonce à la grande presse « le malade expira à 3 h 30 » ; dans les lettres de condoléances qu'ils adressent à une jeune veuve, les amis délicats recourent à des stratégies euphémiques : l'expression de « disparu » remplace le terme de « mort » ; en revanche, les militants de l'Armée du Salut formulent des propos optimistes puisque la mort ouvre la porte de la « Gloire » ; les jeunes médecins qui assurent un service à la morgue font parfois des plaisanteries sur les maccabés qui paraissent sordides au commun des mortels mais qui leur permettent de « vivre » leur labeur quotidien.

D'un point de vue cognitif, les acteurs sociaux élaborent les représentations des expériences et des objets à l'aide de *symboles* et de *significations*. Ces termes entâchés de sens multiples, méritent d'être précisés. A ce sujet, nonobstant les travaux subtils des écoles de linguistique et de sémiologie, l'analyse sociologique s'en tient aux acceptions populaires et courantes de ces termes [12]. Nous entendrons par « symbole » tout élément qui représente autre chose : il tient la place d'autre chose, il remplace ou évoque. Un monument indique de façon symbolique un événement, un personnage ou une idée ; un mot remplace symboliquement un objet qu'il permet d'évoquer sans que la présence physique immédiate de la chose soit nécessaire. En outre, un symbole peut représenter ce qui pourrait être présent ou encore il

12. B. Malmberg, *Signes et symboles, les bases du langage humain*, Paris, Editions A. et J. Picard, 1977 ; L.J. Prieto, *Messages et signaux*, Paris, PUF, 1972 ; id., *Pertinence et pratique*, Paris, Editions de Minuit, 1975.

peut évoquer une chose dont la présence serait ou ne serait pas souhaitable. Dans les symboles, trois éléments s'enchevêtrent : (i) le *signifiant* : l'objet qui tient la place de l'autre chose, c'est-à-dire le symbole lui-même ; (ii) le *signifié* : la chose dont le signifiant tient lieu ; (iii) enfin la *signification ou sens* correspondent au rapport entre le signifiant et le signifié. Ce rapport perçu et interprété par les acteurs varie. La relation signifiant/signifié peut être univoque — la fumée indique la présence d'un feu — mais dans la vie sociale les significations ou les sens correspondent plutôt à des rapports variables, définis ou imposés par ego et alter.

Mais si la nature cognitive de l'action sociale permet aux individus de construire des représentations variables, comment les partenaires réussissent-ils à éviter le chaos ou, du moins, l'assemblage confus de leurs actes ? Tout bonnement, entre autres facteurs, par suite de *l'organisation* même de l'action sociale.

LE CARACTÈRE ORGANISÉ DE L'ACTION SOCIALE

Ce phénomène fondamental d'organisation de l'action sociale transparaît dans les échanges linguistiques. Au cours d'une conversation, des acteurs peuvent échanger des propos parce qu'ils respectent un ou des ordres — au sens d'organisation — définissant et assurant le maintien des conditions nécessaires à la communication, comme celle de l'usage d'une langue. En effet, qu'est-ce qu'une langue ? Une langue équivaut à un ensemble de règles ou, dans le vocabulaire des linguistes, « d'instructions » parfois dénommées « standards » productrices d'ordre et de sens dans les comportements langagiers. La grammaire d'une langue particulière constitue un jeu de principes dont l'application produit des énoncés admissibles — *i.e.* grammaticaux — de cette langue et eux seuls.

La grammaire de la langue anglaise est une description des systèmes de règles nécessaires à un locuteur, par exemple à un étranger, pour s'exprimer dans cette langue de telle façon qu'un sujet britannique identifie ses énoncés comme de l'anglais. Selon un linguiste, N. Chomsky, le caractère grammatical d'un énoncé est un jugement que les membres d'une même collectivité linguistique portent sur lui : les Français reconnaissent la grammaticalité de « il fera beau » et « l'a-grammaticalité » de « il fait beau ». Ce jugement fait partie de la *compétence* linguistique d'un locuteur comme dit N. Chomsky : l'ensemble des possibilités données à un sujet parlant par le fait qu'il maîtrise une langue, possibilités de construire et de reconnaître des phrases grammaticalement correctes, d'interpréter celles d'entre elles qui sont douées de sens, de déceler les phrases ambiguës. Les individus d'une collectivité linguistique communiquent grâce à la maîtrise commune du système d'instructions phonologiques, morphologiques, syntaxiques et symboliques [13].

L'action sociale appelle donc des *compétences partagées* ou, dans le langage de la théorie des ensembles, intersection entre les compétences d'ego et d'autrui. Envisageons le cas d'une indépendance totale des compétences des acteurs : la communication y serait pour le moins infime. La communication entre ego et alter naît de ce que les compétences linguistiques organisent, ordonnent les états *possibles* et *probables* des deux acteurs. La belle Américaine de trente ans rencontrée sur le pont d'un transatlantique comprend mon anglais parce que je respecte avec plus ou moins de bonheur les standards de la langue de Ph. Marlow, le héros des romans policiers de R. Chandler. Ces répertoires de règles

---

13. "L'objet premier de la théorie linguistique est un locuteur-auditeur idéal, appartenant à une communauté linguistique complètement homogène, qui connaît parfaitement sa langue et qui, lorsqu'il applique en une performance effective sa connaissance de la langue, n'est pas affecté par des conditions grammaticalement non pertinentes, telles que limitation de mémoire, distractions, déplacements d'intérêt ou d'attention, erreurs (fortuites ou caractéristiques) [...]. Pour étudier la performance linguistique effective, nous devons considérer l'interaction de facteurs variés, dont la compétence sous-jacente du locuteur-auditeur ne constitue qu'un élément pami d'autres [...]. Nous établissons donc une distinction fondamentale entre la *compétence* (la connaissance que le locuteur-auditeur a de sa langue) et la *performance* (l'emploi effectif de la langue dans des situations concrètes)". N. Chomsky, *Aspects de la théorie syntaxique*, Paris, Le Seuil, 1977, pp. 12-13. Cf. aussi J.Lyons, *Chomsky*, Paris, Seghers, 1971.

éliminent ou rendent inconcevables certaines fantaisies linguistiques qu'éventuellement je pourrais être tenté d'émettre.

Par suite, l'intersection de la compétence des acteurs évoque l'idée de dépendance ou, avec plus d'à-propos, celle de *contrainte*. Nous empruntons ce terme aux spécialistes des études cognitives (psychologie, cybernétique, intelligence artificielle, linguistique) lesquels désignent sous ce vocable des associations plus ou moins régulières entre des éléments quelconques [14]. Dans un ensemble déterminé, l'objet *x* est associé à la présence d'un autre objet *y* ou encore : si l'élément *a* de l'objet *x* fluctue, avec certitude ou selon une très forte probabilité l'attribut *b* de *y* variera à son tour. Ces relations de contrainte qui s'établissent entre (x, y ; a, b) délimitent des états, elles circonscrivent les occurrences qui peuvent survenir parmi des acteurs ou des phénomènes. Sans de telles contraintes qui donnent à l'action un caractère organisé, le résultat serait celui, bien commun à présent, du chaos, où — quitte à nous répéter — tout pourrait arriver, c'est-à-dire n'importe quoi. Les éléments constitutifs de l'action sociale (objets physiques ou culturels, acteurs,) ne peuvent être distribués au hasard : des relations les organisent, sinon comment anticiper des rapports entre les partenaires ? Ce trait d'organisation, bien qu'il imprègne les actes les plus ordinaires, nous échappe souvent par suite de sa familiarité.

Deux amis se rencontrent et imaginons les dialogues suivants [15] :

Dialogue 1 :

Individu A : « Je viens d'acheter une nouvelle voiture »
Individu B : « Carolyn mange des frites »

Dialogue 2 :

Individu A : « Je viens d'acheter une nouvelle voiture »

---

14. Cf. sur ce point W. Buckley, *op. cit*, chapitre IV.

15. Cet exemple est adapté de R.C. Schank, « Rules and Topics in Conversation », *Cognitive Science*, 1977, *1*, 4, pp. 421-441. Pour une recension générale des travaux sur les règles de communication, cf. Susan B. Shimanoff, *Communication Rules, Theory ans Research*, Beverly Hills, Sage, 1980.

Individu B : « Je viens d'acheter une paire de patins à roulettes »

Dialogue 3 :

Individu A : « Je viens d'acheter une nouvelle voiture »
Individu B : « On s'attend à une flambée des prix »

Dialogue 4 :

Individu A : « Je viens d'acheter une nouvelle voiture »
Individu B : « La mienne marche bien »

Dialogue 5 :

Individu A : « Je viens d'acheter une nouvelle voiture »
Individu B : « Ah bon ! Quelle marque ? »

Dialogue 6 :

Individu A : « Je viens d'acheter une nouvelle voiture »
Individu B : « Pourquoi me le dire ? »

Ces répliques surprennent plus ou moins. Le premier dialogue semble absurde ; le second évoque une situation drôle ; le troisième est plausible et les autres apparaissent raisonnables ou pertinents. Tout se passe donc comme si un énoncé appelait des réponses appropriées créatrices d'organisation dans les propos sans que l'on puisse enfermer les répliques attendues dans des règles strictes de rectitude.

L'analyse dramaturgique de K. Burke souligne l'omniprésence et la subtilité de tels phénomènes [16]. Selon lui, les constructions de la réalité par les individus établissent sans fin des *rapports* entre les composantes de l'action sociale :

(i) *la scène* où l'action se déroule ;
(ii) *les actes* qui s'y produisent ;
(iii) *les acteurs* en présence ;
(iiii) *les moyens* mis en œuvre ;
(iiiii) *les buts* des acteurs.

L'existence de rapports entre ces éléments est d'ailleurs intrinsèque à l'idée d'action : « Agir nécessite un acteur. De même l'action doit s'inscrire dans une scène. Pour agir dans une situation, l'acteur utilise des moyens » [17]. Dès lors, ego

---

16. K. Burke, « Dramatism », in *International Encyclopedia of the Social Sciences*, Glencœ, Illinois, Free Press, 1968, vol. 7, pp. 445-452.
17. *Id.* p. 446.

et alter de façon tacite ou explicite élaborent des rapports entre les composantes de l'action pour définir le caractère plausible d'un événement ou son adéquation avec la scène. Si l'un de nos proches déclare : « Je viens de voir un type qui sortait d'une banque », « Bof ! » sommes-nous tentés de répondre. « Il nous menaçait d'un revolver » ajoute-t-il. Soudain la venue de nouvelles informations sur les moyens (un revolver) et les actes (la menace) ne permet plus de n'y voir que le caractère plausible d'une situation normale. Le nouveau rapport entre les moyens et les actes suggère maintenant la présence d'un malfaiteur ou d'un employé d'une maison de gardiennage. Aujourd'hui, les études de simulation de l'action sur ordinateurs illustrent précisément ce caractère organisé. Des scripts, décrivant des séquences d'action (l'arrivée au restaurant, la commande de repas, etc.) permettent de reconstruire sur ordinateur un dîner en ville. En fait, une des expériences les plus riches en découvertes du caractère organisé de l'action consiste à imaginer quelles instructions sont nécessaires à une machine électronique pour simuler les actes les plus routiniers de la vie quotidienne [18].

Dans un mode de formulation plus ordinaire à l'analyse sociologique, les phénomènes d'ordonnancement présents dans l'action sociale correspondent à la notion d'*attentes réciproques organisées*. Les co-équipiers, les adversaires, le public s'attendent à ce qu'un joueur de rugby transmette le ballon ovale en suivant des règles particulières ; côté arbitre, je sais par avance que le titulaire de cette fonction ne sera pas un aveugle ; quant aux joueurs sur le terrain, ils tentent de prévoir les mouvements de leurs pairs. De telles opérations se réalisent parce que les équipes, l'arbitre ou les spectateurs maîtrisent explicitement ou d'une manière tacite des répertoires de règles qui leur permettent de définir ou de délimiter les contours des actes possibles et probables dans une partie : c'est-à-dire de jouer un jeu qui est le rugby. Ces attentes réciproques organisées meublent l'existence :

18. R.C. Schank, R.P. Abelson, *Scripts, Plans, Goals and Understanding : an Inquiry into Human Knowledge Structures*, Hillsdale, N.J., Lawrence Erlbaum Associates, 1977.

« Il est très important pour nous, écrit W.I. Thomas, de prendre conscience du fait que nous ne gouvernons notre vie, nous ne prenons nos décisions, n'atteignons nos buts dans la vie quotidienne, ni au moyen de calculs statistiques, ni par des méthodes scientifiques. Nous vivons sur des hypothèses. Je suis par exemple votre invité. Vous ne savez pas, vous ne pouvez pas poser de façon scientifique que je n'ai pas l'intention de voler votre argent ou vos petites cuillères. Mais par hypothèse, je n'en ai pas l'intention et vous me traitez en invité » [19]

Le phénomène des attentes organisées nécessite d'être compris dans une acception extensive. L'expression évoque les attitudes ou les conduites attendues d'un acteur occupant telle ou telle position sociale. On peut y ajouter l'attente de qualités : l'arbitre, imagine-t-on, ne sera pas un aveugle. Certes, les attentes organisées englobent les attributs et les conduites d'un acteur mais à tout ceci s'ajoute ce que nous appellerons pour l'instant d'un terme vague : des « savoirs ». C'est-à-dire, des ensembles de connaissances plus ou moins systématisés permettant à égo d'émettre des conduites qui donnent lieu à des attentes fondées (*i.e.* significatives) pour alter. Ego espère que la belle Américaine comprenne la langue anglaise ; la belle Américaine s'attend à ce que l'énoncé « I love » soit suivi de « you » de « myself » ou de « us », ce qui exclut l'occurrence du pluriel « we » ou de « yourself ». « Avez-vous des allumettes ? » demande le fumeur. « Désolé, répond son vis-à-vis, je ne fume pas » [20]. Des savoirs se glissent dans cette conversation bien qu'ils n'affleurent pas à la conscience immédiate. L'un ou l'autre des acteurs imagine qu'un fumeur possède des allumettes ; le bien est considéré de peu de valeur et la politesse suggère de satisfaire à la requête ou de s'excuser.

Dans cette perspective, la notion d'attente organisée désigne des *relations quelconques délimitant les états possibles et probables des agents ou des objets appartenant à un système d'action*. Un paradoxe caractérise le phénomène des attentes organisées : ils proscrivent qu'ego ou alter puisse faire n'importe quoi mais, avec non moins de force,

---

19. Cité par E. Goffman, in *La présentation de soi dans la vie quotidienne*, Paris, Editions de Minuit, 1973, p. 13.

20. James A. Levin, James A. Moore, « Dialogue-Games : Metacommunication Structures for Natural Language Interaction », *Cognitive Science*, 1977, *1*, 4, pp. 395-421.

les attentes organisées lui permettent d'agir avec *ou* sur autrui. « Le langue est tout simplement fasciste » se récriait devant un parterre du Collège de France R. Barthes, navré de ne pouvoir traduire la richesse voluptueuse de ses états amoureux[21]. Oui, en vérité. Avec plus de pertinence Monsieur de la Palice affirmerait que toute langue est contraignante, et d'ajouter avec sagacité que ces contraintes permettent d'établir les conditions d'un échange entre ego et alter. Mais prenons garde : les attentes organisées ne s'apparentent pas en toutes circonstances à des carcans qui s'imposeraient *ipso facto*. Quand, sur le paquebot, je déclare à l'Américaine désœuvrée « I love yourself », au lieu de « I love you » cette phrase fautive d'un point de vue grammatical peut néanmoins conserver un sens qui sera selon toute vraisemblance compris.

LA NATURE STOCHASTIQUE DE L'ACTION SOCIALE

Si ego prévoit les contours possibles et probables des actes survenant au cours d'une rencontre de rugby, l'expérience lui enseigne que sur le terrain les joueurs commettent des actes impévus. Une partie de rugby appartiendrait à la catégorie des systèmes d'action « déterminée » si, les conditions initiales du système étant connues — règles du jeu, caractéristiques des équipes ou des arbitres, vitesse du vent — la prévisibilité était parfaite. A l'autre extrême, le jeu de rugby peut être dit « indéterminé » quand, pour des conditions initiales connues, la prévisibilité s'avère impossible. Un système « stochastique » est un ensemble indéterminé, toutefois certaines des probabilités d'action, fixes ou relativement stables, sont connues ou identifiables. Dans une partie de rugby, la probabilité est quasi certaine qu'un joueur sera expulsé du terrain si, avec intention, il met K.O. l'arbitre, mais en même temps la prévision de tous ses actes est imparfaite.

---

21. R. Barthes, *Leçon inaugurale de la chaire de sémiologie littéraire au Collège de France*, Paris, Seuil, 1978, p. 14.

Des faits de langage rendent visible cette nature stochastique de l'action. Dans ce champ d'étude, des modèles aléatoires d'énonciation semblent exclus par suite des contraintes inhérentes aux systèmes linguistiques. Cependant, malgré la contrainte des invariants présents dans une langue, les modèles déterministes d'énonciation sont hors de propos. Les modèles issus des théories linguistiques ne permettent pas de déduire l'absence ou la présence du /r/ dans les énoncés d'un Américain new-yorkais, par exemple dans le mot « guard » [22]. Par contre des modèles de socio-linguistique peuvent estimer les probabilités d'occurence du /r/ si l'observateur connaît les règles de la langue anglaise, l'âge ou la classe sociale du locuteur, le contexte de communication où il se trouve engagé. Plus la classe sociale d'appartenance d'un habitant de New-York est basse, plus les chances sont grandes qu'il gomme le /r/ ; plus la conversation s'inscrit dans son milieu d'origine plus les probabilités s'élèvent qu'il ne prononce pas le /r/. La plupart des modèles, sinon tous, de conduites électorales ou de consommation recourent d'ailleurs à des modes de formulation probabilistes.

Il y a plus. La nature stochastique nous semble pratiquement inséparable de l'idée d'action sociale [23]. En fait, dans la notion d'organisation qui nous occupe plusieurs éléments s'imbriquent. Les phénomènes de contrainte ne doivent pas induire en erreur. Entre les éléments (A) et (B) constitutifs d'un système, un *ensemble x* de relations apparaît mais, dans cet *ensemble x*, certaines liaisons peuvent être plus ou moins *conditionnelles* les unes par rapport aux autres ; et à chaque relation conditionnelle peuvent ou non correspondre des *alternatives*. Regardons sous cet angle la procédure électo-

22. Exemple tiré des travaux de W. Labov, « The Study of Language in its Social Context », *Studium Generale*, 1970, 23, pp. 30-87 ; W.P. Robinson, *Language and Social Behaviour*, Harmondsworth, Middlesex, Penguin Books, 1972.

23. Nous reprenons ici la démonstration de W. Buckley, *op.cit.*, pp. 82-92 et de W. Ross Ashby, « Principles of the Self-Organizing System », in H. von Foerster (sous la direction de), *Principles of Self-Organization*, New-York, Pergamon Press, 1962, pp. 255-260.

rale dont nous avons l'expérience indigène. Deux réponses, et seulement deux, contraignent le citoyen : se rendre aux urnes ou s'abstenir. Si l'électeur participe au vote, il peut choisir un candidat, mais il ne peut inscrire ses humeurs sur les bulletins sinon sa présence est annulée ; si cet individu vote, le choix d'un parti et les options du vote nul ou blanc représentent des alternatives dans un système politique pluraliste. Les systèmes politiques autoritaires s'efforcent précisément de placer l'élection, lorsqu'ils recourent à cette procédure, dans un état d'organisation totale : divers moyens — dont le caractère public du vote — conduisent, pour ne pas dire obligent, les citoyens à voter pour des candidats uniques. En d'autres termes, les dictateurs ou les partis politiques monolithiques écartent les liaisons conditionnelles et les alternatives. Mais, à l'évidence, les élections pluralistes ne s'apparentent pas au chaos. Les contraintes, les relations conditionnelles et les alternatives organisent l'expression des préférences de telle manière qu'elles conduisent à une décision collective sans pour autant éliminer toute incertitude. Bien au contraire, cette dernière, variable selon les circonstances, légitime et règle la procédure électorale dans les régimes pluralistes-oligarchiques soumis à la concurrence des idées et des intérêts.

Un autre exemple, heuristique mais pertinent, illustre l'importance de la nature stochastique de l'action sociale. Soit un système de communication où les participants A et B possèderaient une connaissance immédiate et identique des acteurs et des objets constitutifs du système. La communication y serait nulle puisque par définition l'acteur A est transparent à B et réciproquement. Pourquoi ego s'engagerait-il dans des activités de communication si alter connaît déjà tout ce qu'il pense, tout ce qui peut se passer dans le système d'action ? Il y a communication parce que ego entend transmettre du nouveau à autrui ; en face, alter ne connaît pas tous les états de ego ou des objets [24]. Les messages servent à véhiculer du nouveau et c'est précisément

24. W. Buckley, *op. cit.,passim*.

ce que mesure la grandeur appelée « information » par la théorie qui porte ce nom :

> « Un système entièrement organisé, remarque G.A. Miller, est prévisible : vous connaissez pratiquement tous ses états avant qu'ils ne se produisent. Au cours du fonctionnement d'un tel système vous n'apprenez rien que vous ne sachiez déjà : vous n'obtenez que peu d'informations. Un système soumis à une organisation totale est d'une prévisibilité parfaite et sa conduite ne transmet aucune information. Plus un système est inorganisé plus l'observateur recueille des informations quand il l'analyse » [25].

Mais puisque la valeur d'information d'un message tient à sa nouveauté, dans son taux d'imprévisibilité, alors cette nouveauté ne peut naître que d'une combinatoire plus ou moins connue au départ sinon il ne pourrait y avoir communication. La communication nécessite l'emploi de répertoires de signes, de symboles communs aux acteurs *et* des utilisations originales de ces répertoires. *En somme tout à la fois, la diversité et l'invariance.*

Cette qualité stochastique de l'action sociale met ainsi en première ligne la capacité de décision des acteurs [26]. Dans un système déterministe, à un état donné correspond une réponse attendue et inévitable ; dans un système stochastique des « causes » identiques peuvent conduire à des « effets » différents. Dans ce dernier cas, l'incertitude de l'information ne permet pas d'établir une correspondance totale entre les situations possibles ou probables et les réponses, d'où la nécessité de choix : faire ou ne pas faire un acte. Les capacités stratégiques des agents vont donc s'opérer dans les zones d'incertitude, là où ego et alter ne sont pas certains d'avoir prévu toute la variété des états possibles et probables des acteurs ou des objets du système d'action. Par ailleurs, nous l'avons vu, l'action sociale ne peut être que décision. L'institution où fleuriraient de tous côtés des décisions évoluerait dans l'anarchie et son fonctionnement collectif serait malaisé. A présent nous commençons à pressentir la raison d'être radicale et les zones probables de l'*institutionnalisation* de l'action sociale. L'institutionnalisa-

25. G.A. Miller, « What is Information Measurement », *American Psychologist*, 1953, 8, pp. 3-12 ; p. 3.
26. Cf. Roig, *op. cit., passim.*

tion — qui est donc variable et fluctuante — apparaît quand certains comportements finissent pas constituer pour ceux qui les exécutent, comme pour ceux à l'intention desquels ils sont éxécutés, des anticipations régulières et familières. Des contraintes normatives (*i.e.* collectives) et des phénomènes d'institutionnalisation de pouvoir ou d'échange s'efforcent de contrôler et de réduire l'incertitude qui s'infiltre dans l'action sociale.

LE CARACTERE COLLECTIF DE L'ACTION SOCIALE

Cette alliance de la diversité et de l'invariance s'exprime en effet de façon très concrète dans la nature collective *et* subjective de l'action sociale. Voici, à nouveau, l'exemple du langage. Le langage contraint l'acteur à exercer sa compétence linguistique ; la langue dont l'acteur maîtrise la connaissance est en quelque sorte l'étalon commun employé par une collectivité pour communiquer. En même temps, puisque capital commun de cette collectivité linguistique, la langue est une donnée objective, extérieure à l'individu qui se l'approprie et l'emploie. Si la langue est le fondement du langage, dans la « parole » — acte individuel de parler, selon F. de Saussure, « performance » préfère dire aujourd'hui N. Chomsky — s'insèrent des variantes plus ou moins libres. Eu égard aux situations et aux ressources dont ils disposent, les sujets-parlants imposent leurs marques de style, d'intention ou de personnalité. Rappelons aussi à cette occasion un exemple qui nous est cher, celui du rugby : bien que depuis sa création en 1900 les règles du jeu du rugby n'aient pas subi de modifications formelles importantes, les commentateurs sportifs parlent de temps à autre de l'arrivée d'un « nouveau rugby » identifiable à des styles de jeu inédits et personnels dus à certaines équipes et à certains joueurs.

Trois critères permettent de reconnaître le caractère collectif de l'action sociale. Les instructions d'une langue ou les règles du rugby sont (i) *communes* aux acteurs ; (ii) *extérieures* aux acteurs — instructions et règles les ont précédés ; ces éléments les transcendent et leur survivront ;

(iii) elles sont *contraignantes.* Toutes ces informations collectives assemblées dans des savoirs délimitent la « grammaticalité » ou, mieux encore, le caractère *admissible* — dans le double sens de ce qui est possible et probable — des représentations, des identités ou des modes d'action d'ego et d'autrui. Les savoirs collectifs projettent sur l'action une « orientation normative », selon l'expression répandue dans les manuels.

L'interprétation normative orthodoxe de la nature collective de l'action sociale. — Des valeurs et des normes forment le cadre collectif d'un système d'action. Les *valeurs* sont des formules définissant les manières d'être ou d'agir qu'un acteur social reconnaît comme idéal et qui rend désirables ou estimables les êtres ou les conduites auxquels elles sont attribuées. Les valeurs appartiennent à la catégorie des concepts comme celui de justice ; ce sont des abstractions qui ne se confondent ni avec des sensations ni avec des sentiments. D'autre part, des valeurs se détache une composante affective qui se manifeste plus ou moins ouvertement : je suis peu ou prou attaché à la justice. Enfin, les valeurs orientent les buts ou les préférences des acteurs sans se confondre avec ceux-ci : la valeur « justice » est antérieure à ma préférence pour la réduction des inégalités sociales. Les valeurs communiquent ainsi des « standards » pour évaluer ou pour asseoir la légitimité des représentations, des identités et des actions d'ego ou d'alter.

Les *normes* définissent les *rôles* acceptables des acteurs sociaux ; elles indiquent les scripts d'action que doit suivre l'acteur rugbyman afin que celui-ci soit reconnu comme un joueur de rugby. Concrètement, les normes impliquent (i) des manières d'être ou d'agir établies par l'usage, les mœurs, les traditions et les coutumes ; (ii) des prescriptions qui assujettissent les acteurs à des croyances religieuses, morales ou sociales ; (iii) des dispositions formelles (lois, règlements) qui, pour la plupart, codifient en les renforçant les obligations des catégories précédentes. Enfin, l'emprise des normes réside tout à la fois dans les sanctions qui les accompagnent *et* dans les ressources dont disposent les acteurs sociaux pour les faire respecter. Ces sanctions physiques (emprisonnement, gifles), économiques et sociales (la mise à l'écart d'ego ou d'autrui) sont négatives ou positives. Dans ce dernier cas, l'individu reçoit des récompenses ou il ressent des gratifications psychologiques comme celle de l'estime.

Cette vue courante du cadre normatif mérite quelques amendements par suite de son caractère restrictif [27]. Tout se passe comme si le cadre normatif était sans cesse explicite : il se repérerait grâce à des indices de droits ou d'obligations. Or, souvenons-nous des dialogues précédents, les attentes organisées qui agencent les rapports entre les acteurs n'affichent pas un caractère normatif *stricto sensu*. Des « données du réel considérées comme allant de soi » circonscrivent les objets et les actions significatives pour ego et autrui : prêter son briquet semble une chose naturelle sans que je ressente — avec conscience — cet acte comme une obligation. En fait, ces « données du réel considérées comme allant de soi » constituent des savoirs intuitifs, implicites, spontanés, tacites qui informent et délimitent les actions et les objets doués de sens. Une illustration, grossière à dessein, éclaire cet enchevêtrement des éléments normatifs *stricto sensu* et des savoirs tacites : dans les régimes dont nous sommes familiers, l'on attend d'un chef d'Etat qu'il respecte les obligations attachées à sa fonction, mais en même temps tout un chacun sait, *de facto*, qu'un président ne peut être ni un travesti ni un militant naturiste — du moins jusqu'à ce jour.

Une conception cognitive de la culture. — L'étendue et l'hétérogénéité des données collectives présentes dans un système d'action incitent à préférer l'expression de *savoirs collectifs* à celle de cadre normatif — ne serait-ce que pour éviter une conception trop restrictive de la grammaticalité. A cet effet, nous appellerons culture *les ensembles de savoirs collectifs nécessaires à des acteurs pour se conduire dans un système d'action de telle manière que les façons d'être et d'agir soient fondées pour autrui.*

27. Cf. Mehan, *op. cit.* et surtout, F. Cancian, *What Are Norms* ?, Londres, Cambridge University Press, 1975.

« La culture recouvre, écrivent des anthropologues, 1. Les principes créateurs de configurations dans l'univers perçu : choses, personnes, événements, contextes. 2. Les prémisses de base établissant des rapports entre les choses et les événements ; les idées de causalité ; les règles de logique et d'inférence ; les concepts de temps et d'espace (...). 3. Les propositions projetées sur les buts et les objectifs désirés (...). 4. Les techniques pour contrôler l'environnement physique (...). 5. Les normes qui nous indiquent comment agir d'une manière adéquate dans une situation particulière (...). 6. Des règles pour coder et décoder des messages linguistiques et non linguistiques » [28]

Cette conception cognitive de la culture, Ward H. Goodenough la résume dans une série de questions suggestives pour l'observateur : « La culture se compose de *standards pour décider* :

(i) *ce qui est* :

« Les façons dont nous structurons nos expériences du monde réel en formes, c'est-à-dire des perceptions et des concepts ».

(ii) *ce qui peut être* :

« Les manières dont nous organisons nos expériences du monde afin de lui donner une configuration de causes et d'effets — c'est-à-dire : des propositions ou des croyances explicatives des événements ».

(iii) *ce que l'on préfère* :

« La structuration de nos expériences s'organise selon des hiérarchies de préférences constituées de valeurs et de sentiments. Ces éléments constituent des principes de sélection et d'affirmation de buts qui permettent de nous conduire dans une sphère de phénomènes sans cesse en changement ».

(iiii) *ce que l'on peut faire et (iiiii) comment le faire* :

« Des principes ou des recettes d'action nous permettent de réaliser ces desseins. Ce sont des opérations nécessaires dans nos rapports avec les autres ou pour manipuler des choses matérielles » [29]

---

28. R.M. Keesing, F.A. Keesing, *New Perspectives in Cultural Anthropology*, New-York, Holt, Rinehart and Winston, 1971, p. 81. Cette conception cognitive de la culture est en particulier développée par C.M. Eastman, *op. cit* J.P. Spradley, *Culture and Cognition, Rules, Maps and Plans*, San Francisco, Chandler, 1972 ; A.F.C. Wallace, *Culture and Personality*, New-York, Random House, 1961.

29. W.H. Goodenough, *Culture, Language and Society*, Reading, Mass., Addison-Wesley Module in Anthropology, module 7, 1971, p. 22.

Dès lors, selon ce cadre d'analyse, la culture devient un phénomène intrinsèquement cognitif. Les éléments constitutifs de la culture correspondent à des informations collectives qu'ego manipule, sélectionne, déforme, représente. Du fait de cette nature cognitive, l'expression populaire de « membre d'une culture » n'a plus guère de sens. Peut-on dire d'un sujet parlant qu'il est membre d'une langue ? En revanche, nous pouvons affirmer à propos d'un individu appartenant à un système d'action sociale qu'il en maîtrise peu ou prou la culture. Sous réserve de ne pas projeter un isomorphisme trop étroit dans ce rapprochement, la culture serait à l'action sociale ce que la langue est aux phénomènes linguistiques. La langue et la culture possèdent ensemble les attributs de communauté, d'extériorité et de contrainte d'un objet collectif ; bien plus, cette mise en parallèle souligne l'intérêt des concepts linguistiques de compétence et de performance pour éclairer le statut de la culture dans le schéma de l'action sociale [30]. E. Leach, l'anthropologue britannique, précise :« (...) l'anthropologie sociale se propose de tracer les grandes lignes de la *compétence* culturelle sans laquelle les actions symboliques de l'individu semblent dénuées de sens. Nous ne saurions interpréter les *performances* individuelles si nous n'étions pas guidés par un travail de déductions préalables sur la nature de cette compétence. Mais pour parvenir à des déductions originales, nous devons construire dans l'abstrait un modèle standard qui n'apparaît pas nécessairement et immédiatement dans les données accessibles à l'observation (...). Quand l'anthropologue affirme que « la culture est un ensemble de messages », il présuppose que les « données brutes » ont déjà subi un tri préliminaire. C'est aux comportements habituels qu'il se réfère, plutôt qu'aux comportements idiosyncrasiques. Le message chargé de culture doit nécessairement obéir, de près ou de loin, à une idée standard du message, mais il se peut que ce standard ne soit pas immédiatement évident. Acteur et observateur doivent parfois faire preuve d'une puissance d'idéalisation considérable avant de pouvoir imposer un

30. Cf. les développements de C.M. Eastman, *op. cit.*

ordre, une syntaxe, à une séquence de comportements qui pourrait apparaître sans cela comme une succession hasardeuse d'événements individuels » [31].

Si la culture recouvre les « savoirs collectifs » nécessaires aux acteurs pour se conduire dans un système d'action de telle manière que ces façons d'être et d'agir soient fondées pour autrui, ceci veut dire que les acteurs sociaux possèdent des compétences leur permettant d'émettre des actes significatifs sans que les règles de compétence se confondent avec les observations de performances — bien qu'elles soient connexes. Les rugbymen jouent au ballon grâce à la maîtrise d'une compétence qui, d'une part, embrasse les règles formelles consignées dans le livre des règles du jeu — les joueurs sachant qu'ils doivent les respecter sous la menace de l'intervention des arbitres —, d'autre part, des recettes apprises lors de l'entraînement, en visionnant au ralenti leur jeu et celui d'équipes adverses, ou élaborées dans le feu de l'action au cours des matchs. Cette compétence acquise dans *et* par la pratique se rapporte aux diverses techniques d'arrêt du ballon ovale : elle concerne le plaquage des adversaires, les essais, les figures de passe. Une analyse de la culture du rugby revient donc à codifier les savoirs permettant aux joueurs de pratiquer un sport qui soit du rugby. Toutefois ces savoirs ne se confondent pas avec les performances — au sens de conduites réelles — des équipes sur le terrain. Avec non moins d'évidence les conduites des acteurs n'existent et ne deviennent compréhensibles que parce que joueurs et alter (arbitres, publics) possèdent des compétences communes et différenciées du jeu du rugby.

Cette analyse de l'action en termes de compétence et de performance introduit une distinction courante parmi les linguistes et par trop ignorée dans les travaux de science sociale : la prévision normative et son complément la prévision statistique [32]. La prévision statistique des résultats

31. E. Leach, *L'unité de l'homme*, Paris, Gallimard, 1980, pp. 36-37 ; cf. aussi L.A Hirschfeld & *al.*, « Theories of Knowledge and Culture », *Social Science Information*, 21, 2 1982, pp. 161-198.

32. Cf. en particulier sur ce point W.H. Goodenough, *op. cit.*, C.M. Eastman, *op. cit.*

d'un championnat de rugby est une estimation rigoureuse basée sur un échantillon d'événements passés comme celui des scores obtenus au cours des matchs antérieurs. En fait, ce calcul renferme deux types d'opérations. L'analyse statistique des résultats s'avère possible parce que des règles de jeu le permettent. Admettons que l'observateur ignore ces savoirs : l'opération à laquelle il devrait d'abord se soumettre consisterait, à la manière des anthropologues, à découvrir les actes perçus comme possibles et probables dans le système où se trouvent engagés les joueurs. Ces deux types de prévision échappent souvent aux chercheurs par suite de la familiarité réelle ou fictive qu'ils entretiennent avec leurs sujets d'étude.

L'erreur serait néanmoins de saisir les compétences d'action sous l'aspect d'une entité ou comme une chose. Tout à la fois, la compétence d'un acteur est quelque chose qu'il « a » et quelque chose qu'il « est » [33]. La compétence d'action de l'agent-rugbyman s'exécute *et* se développe dans l'acte même de jouer. Si le fonctionnement de la compétence renvoyait à un simple modèle d'exécution, ceci reviendrait à imaginer la compétence comme un état stable. Dans ce cas, un acteur x pour jouer au rugby mettrait sa compétence à exécution, comme on le dit d'un jugement ou d'un décret ; l'acteur se limiterait à accomplir ce que sa compétence prévoit ou ordonne. Or, ego n'exécute pas purement et simplement : *il explore le champ des possibles et des probables*. Outre son caractère collectif, l'action sociale est d'une qualité subjective et sa nature est celle d'une pratique.

LA QUALITÉ SUBJECTIVE DE L'ACTION SOCIALE

L'homo-sociologicus-éponge constitue l'un des pièges sans cesse posé à l'observateur. Selon ce portrait, l'homo-sociologicus absorberait comme une éponge les éléments collectifs et il exécuterait passivement ces savoirs. Cette

33. Ph. Perrenoud développe cette idée dans *Les Sciences sociales avant et après J. Piaget*, Genève, Droz, 1976, « De quelques apports pagétiens à une sociologie de la pratique », pp. 451-470.

image de l'acteur social nécessiterait de faire siennes les assertions suivantes : (i) *l'homogénéité* des savoirs collectifs dans les sytèmes d'action ; (ii) *le caractère non problématique* des savoirs collectifs : tout un chacun, présuppose-t-on, connaîtrait avec certitude et en toutes circonstances ce qu'il doit faire, ce qu'il ne faut pas faire ; (iii) *l'extériorité générale* des savoirs collectifs : leur existence serait dans des rapports complets d'indépendance vis-à-vis des acteurs ; (iiii) *le caractère nécessaire* des savoirs collectifs : ego n'aurait ni l'aptitude de s'y soustraire, ni la capacité de les modifier, ni celle tout bonnement d'être dans l'état de leur ignorance [34].

Au vu des analyses précédentes, cette image de l'homo-sociologicus-éponge semble difficile à recevoir. Le professeur remplit des rôles mais ces conduites de rôles ne sont pas des vêtements de prêt-à-porter qu'il endosse avec automatisme. Bien que porteur de savoirs collectifs qui permettent à l'enseignant de se conduire en professeur et d'être reconnu comme tel par autrui, il concourt aussi à la création du rôle de professeur. L'enseignant y glisse des traits personnels et des significations. Toutes les modalités du sujet dans le rôle de professeur ne sont pas programmées *ex ante* ; elles se définissent et se redéfinissent en fonction des circonstances dans lesquelles il se trouve impliqué. L'étude des soldats américains combattant au Vietnam du Sud met en valeur ces phénomènes d'interprétation des rôles attendus en fonction des contextes [35]. Les éclaireurs des patrouilles, par suite des responsabilités qu'ils assurent, doivent respecter des règles strictes de conduite. Or dans les faits le bon accomplissement du rôle attendu d'éclaireur varie en fonction de la durée du séjour. Plus les soldats s'habituent au combat plus ils s'aguerrissent ; toutefois l'apprentissage atteint rapidement des seuils de performances, en particulier celles-ci déclinent lorsque les éclaireurs anticipent la fin de leur séjour au combat. Les soldats redéfinissent leurs rôles de combattant ; la plupart rêvent d'un retour en Amérique bien qu'ils continuent à accomplir leur devoir.

---

34. Pour plus de développements cf. J.D. Douglas, *American Social Order*, New York, The Free Press, 1971.

35. Ch. Moskos, « Why Men Fight », *Trans-Action*, 1969, *7*, 1, pp. 13-23.

D'autres exemples, cette fois-ci empruntés aux phénomènes de communication, soulignent la subjectivité de l'action [36]. Des phrases incorrectes par rapport au bien-dire des académiciens seront perçues comme compréhensibles ou acceptables selon la classe sociale de l'auditeur ou selon son rapport à la langue et à la « culture savante ». De même, le contenu d'un message dans une conversation est inséparable d'une évaluation. Bien sûr, la communication ne fonctionne pas dans l'aléatoire mais les contraintes qui l'organisent recouvrent des « transactions » au cours desquelles les acteurs attribuent aux éléments du discours des significations particulières pour produire des effets de communication. Quand dans un cocktail une élégante demande avec ostentation à sa voisine : « Chère amie, les perles de votre collier sont-elles de vraies perles ? », l'interrogation semble une demande banale de renseignements sur un objet physique mais, dans un même élan, la locutrice définit arbitrairement les modalités de l'échange. Selon le ton de la voix, l'expression du visage, l'absence ou la présence de témoins, la question peut indiquer des rapports de familiarité, le désir de mettre l'amie dans une situation d'inconfort ou une procédure routinière pour meubler la conversation. L'heureuse propriétaire répond, elle aussi, de façon arbitraire : elle manifeste de l'aplomb, elle garde le silence ou elle affiche des attitudes défensives. Dès lors les rapports entre les jeunes femmes transforment la demande de renseignements ; l'interaction dépend des définitions subjectives qui émergent de la rencontre entre les deux dames — bien qu'elles puissent continuer à parler de perles.

Divers champs d'enquête soulignent cette importance d'une définition subjective de l'action. Citons à cet égard l'étude des phénomènes d'expériences corporelles [37]. Il n'existe pas, semble-t-il, d'expériences uniformes, intrinsèques à la douleur, à l'orgasme ou à l'usage des hallucinogènes. Au cours d'expériences, Schachter et Singer adminis-

36. Cf. en particulier, P. Watzlawick *& al.*, *Une logique de la communication*, Paris, Le Seuil, Point, 1979.

37. S. Shott, « Emotion and Social Life : a Symbolic Interactionist Analysis », *American Journal of Sociology*, 1979, *84*, 6, pp. 1317-1334.

trent des injections d'adrénaline à des sujets. Les résultats montrent que les participants définissent les émotions ressenties eu égard aux significations qu'ils projettent [38]. H.S. Becker, qui observe avec sympathie le milieu des amateurs de stupéfiants, ne découvre pas d'effets intrinsèques à la marijuana. « Ceux-ci varient, peut-il conclure, selon leur définition » [39]. Toutefois, reconnaître la subjectivité de l'action, sans pour autant commettre la faute du leurre subjectiviste, n'entraîne pas l'exclusion des influences collectives. Parfois les amateurs de drogues n'arrivent pas à traduire verbalement leurs expériences sans l'aide d'autrui. Un adepte du L.S.D. se souvient :

> « Vous savez, la première fois que j'ai pris du L.S.D. , je ne savais pas comment décrire ce qui m'arrivait. C'était, comment dire, intense, très fort, mais je n'avais pas de mots pour l'exprimer. Mais après avoir parlé avec d'autres amateurs de L.S.D., je pouvais voir que nous parlions de la même chose. Ils avaient des mots pour raconter ; à mon tour, j'ai repris leurs expressions » [40].

Quand une nouvelle drogue apparaît — H.S. Becker le montre —, les expressions font souvent défaut aux premiers usagers pour en décrire « les voyages ». Peu à peu les pionniers développent un langage pertinent d'initiés qui leur permet de communiquer ces expériences uniques. Par exemple, le plaisir individuel du fumeur de marijuana s'apprend socialement. « Les premières expériences du novice sont parfois désagréables, commente H.S. Becker, mais, fort à propos, le cas échéant, des compères savent le rassurer ou le prendre en main ». Ainsi, autrui réussit-il à faire partager à ego une définition collective du plaisir de la « défonce » [41]

---

38. Résultats d'expériences rapportées par S. Shott, *op. cit.*

39. H.S. Becker, « Social Bases of Drug-Induced Experiences », in *Reading in Sociol Psychology*, A.R. Lindesmith, A.L. Strauss (sous la direction de), New-York, Holt, 1969, pp. 158-169.

40. R. Blum, *Utopiates : the Use and Users of LSD-25*, New-York, Atherton, 1964, p. 16.

41. H.S. Becker, « Becoming a Marihuana User », *American Journal of Sociology*, 1953, 59, pp. 235-242 ; *id.*, « Marihuana Use and Social Control », in A.M. Rose (sous la direction de), *Human Behavior and Social Processes : an Inter-actionist Approach*, Boston, Houghton Mifflin, 1962, pp. 606 et suivantes.

Ces phénomènes d'apprentissage collectif permettent de comprendre pourquoi l'observation et les analyses statistiques découvrent des similarités et des régularités durables dans les savoirs et les performances des acteurs membres d'un même milieu. La mise à jour de constantes dans les modes de consommation ou dans les conduites électorales inclinent l'analyste à les voir comme des données collectives quitte à prendre le risque de gommer sans précaution les traits de subjectivité et la capacité de décision de l'acteur social. Ainsi, dit-on, « l'appartenance de classe détermine les conduites électorales ». Mille et un travaux attestent de corrélations entre les classes sociales et les choix politiques. En réalité, cela ne surprend pas par suite de l'influence des processus à l'œuvre.

(i) L'occurrence, la distribution et les caractères de l'*apprentissage* des savoirs collectifs dépendent des positions sociales occupées par les individus dans les systèmes d'action. Les expériences au cours desquelles s'inscrivent les apprentissages varient selon les classes sociales, les groupes d'âge ou les communautés. Les jeunes citoyens dont l'enfance et l'adolescence se déroulent dans une commune de tradition communiste ne rencontrent pas les mêmes expériences politiques que leurs pairs d'âge dans un village du bocage vendéen.

(ii) D'autre part, pour des individus appartenant à un milieu de conditions homogènes, les probabilités d'une *récurrence* de contextes similaires aux expériences génératrices des compétences d'action sont fortes. Les chances sont élevées qu'un jeune travailleur originaire d'une banlieue vive plus tard dans un autre quartier où il rencontrera à nouveau des circonstances similaires — par exemple la présence d'un parti communiste bien implanté.

(iii) Enfin, les probabilités sont élevées que les actes attendus de ce citoyen soient *réitérés*. Des occasions de voter, de manifester se présentent à lui, mais les chances sont très faibles qu'il se trouve pris dans un système d'action où il jouerait le rôle de candidat exigeant dès lors l'apprentissage de nouveaux savoirs [42].

---

42. Des travaux en socio-linguistique illustrent avec rigueur l'impor-

Ne nous égarons pas : l'acteur individuel porteur de savoirs collectifs demeure toujours dans ces phénomènes d'apprentissage l'unité d'analyse ; plus encore, il est agissant car l'action sociale est une pratique.

L'ACTION SOCIALE COMME PRATIQUE

La notion de pratique. — Si l'on n'y prend garde, le schéma compétence / performance s'accompagne d'une image trompeuse de l'acteur sur laquelle il faut revenir [43]. Les savoirs collectifs constitutifs des compétences évoque le paysage de stocks d'informations que l'individu actualiserait dans un contexte d'action afin de répondre aux attentes organisées ; de même, pourrait-on envisager l'acteur social sous la forme d'une gigantesque boîte noire d'entrées et de sorties : chaque élément de la machine spécifiant les probabilités qui relient les stimuli d'entrée (valeurs, normes) aux réponses de sorties (conduites attendues). Dans ces tableaux de l'individu, tout se passe comme si l'observateur postulait derrière chaque action l'omniprésence de valeurs et de normes bien définies contenant virtuellement cette action. Précisément, selon le schéma behavioriste de l'action, les stimuli déterminent les réponses et, de ce fait, le mode d'apprentissage caractéristique est celui de l'association, fustigé par N. Chomsky [44].

Revenons précisément aux expériences du langage [45]. Dans une perspective d'étude behavioriste, l'enfant maîtrise peu à peu une langue à la suite d'apprentissage par associations. Le mot « chat » lui devient accessible quand il perçoit et reconnaît cet animal domestique ; l'enfant apprend

---

tance de ces trois processus : l'*apprentissage* des compétences de communication, la *récurrence* des contextes générateurs de compétence et la *réitération* des systèmes d'action. Cf. par exemple J.A. Fishman, *Sociolinguistics*, Rowley, Mass., Newburg House Language Series, 1972 ; W.P. Robinson, *op.cit.*

43. Cf. p. 54 et l'article de Ph. Perrenoud, *op. cit.*

44. Cf. p. 50.

45. Nous résumons dans ces paragraphes les travaux et les études recensées par D.I. Slobin *in Psycholinguistics*, Glenview, Illinois, Scott, Foresman, 1973.

une langue par imitation au contact des parents et des proches — lesquels d'ailleurs le corrigent ou l'entraînent à parler. Bien que cette façon de voir, on en conviendra sans peine, soit celle de la conscience commune, les travaux des psychologues et des linguistiques cognitifs la soumettent à la critique. A l'âge de dix-huit mois environ, l'enfant formule des phrases constituées de deux mots, lesquelles en dépit des apparences ne sont pas de simples juxtapositions de termes mais des constructions ordonnées suivant des standards du système linguistique propre à l'enfant. Ce dernier utilise des mots pivots comme « plus » qui lui permettent d'émettre de nouveaux énoncés « plus lait », « plus orange ». Ainsi l'enfant construit-il des phrases cohérentes dans son système linguistique, lequel ne reproduit pas la langue des parents — et, en outre, il crée sans cesse des phrases inédites. L'absence d'une simple reproduction est confirmée par l'examen du langage des parents et des enfants dans les familles : les tout petits commettent des fautes grammaticales inconcevables aux parents ou prononcent des phrases qu'ils n'ont jamais entendues dans leur milieu familial.

Interrogeons nos expériences de locuteurs adultes : des phénomènes apparaissent dont une interprétation behavioriste rend mal compte. Comment puis-je prononcer des phrases inédites ou jamais entendues ? Pourquoi suis-je capable de comprendre des phrases nouvelles, de reconnaître leur grammaticalité et leur caractère significatif ? La réponse des auteurs « cognitifs » se résume à peu près à ceci : l'être humain ne se contente pas d'associer des stimuli et des réponses, il développe des règles abstraites constitutives de sa compétence linguistique et indépendantes de ses expériences, qui lui permettent de créer sans cesse de nouvelles phrases, de comprendre des énoncés nouveaux. Dès lors, le locuteur est à la fois un être agissant qui élabore des règles et créateur qui construit de nouvelles phrases [46].

Plus généralement, « Les conventions culturelles constituent, écrit E. Leach, une « grammaire générative » qui sous-tend les performances effectives de l'acteur-destinataire

---

46. *Id. passim.*

en lui permettant de produire et d'interpréter les gestes symboliques. Le langage humain se caractérise, entre autres, par le fait que n'importe quel locuteur d'une langue donnée est capable de produire et de comprendre un nombre illimité d'énoncés qu'il n'a jamais entendus auparavant ; il en va de même dans nos interactions quotidiennes avec l'entourage : nous inventons constamment de nouvelles séquences de comportement communicationnel non verbal (de nouveaux « textes-phrases »— *text — sentences* — du non-parler) que les témoins sont capables de comprendre bien qu'ils ne les aient jamais rencontrées antérieurement. A cet égard, la plupart des comportements rituels dont parle l'anthropologie sociale diffère radicalement des systèmes de signaux que les éthologues ont pu observer chez certains animaux non humains. Le comportement rituel n'a rien à voir avec ces ensembles épars de signaux déclencheurs auxquels les concepts de *stimulus-réponse-renforcement* peuvent facilement s'appliquer ; il est fait, au contraire, de gestes et de symboles reliés les uns aux autres qui forment ensemble un système à la façon d'une langue » [47].

Cette nature active de l'être humain domine les travaux de J. Piaget. Aux dires du psychologue genevois, le développement cognitif de l'être humain combine deux processus fondamentaux : « l'accommodation », le milieu agit sur l'organisme ; et « l'assimilation », l'individu n'enregistre pas de manière passive les mille et une facettes des objets ou des situations [48]. Ego assimile et transforme les informations du milieu. Tout spécialement, l'activité d'assimilation s'exprime dans la genèse de « schémes d'actions » qui ne sont pas de simples fac-similés d'expérience :

> « Les actions, selon J. Piaget, ne se succèdent pas au hasard, mais se répètent et s'appliquent de façon semblable aux situations comparables. Plus précisément, elle se reproduisent telles quelles, si, aux mêmes intérêts, correspondent des situations analogues, mais se différencient ou se combinent de façon nouvelle si les besoins ou les situations changent. Nous appellerons *schèmes d'actions* ce qui,

47. E. Leach, *op. cit.*, p. 30.
48. L'article de Ph. Perrenoud, *op. cit.*, décrit en termes simples la contribution des idées de Piaget à l'analyse sociologique.

dans une action, est ainsi transposable, généralisable ou différenciable d'une situation à la suivante, autrement dit ce qu'il y a de commun aux diverses répétitions ou applications de la même action. Par exemple, nous parlerons d'un schème de réunion pour des conduites comme celle d'un bébé qui entasse des pots, d'un enfant plus âgé qui assemble des objets en cherchant à les classer et nous retrouverons ce schème en des formes innombrables jusqu'en des opérations logiques telles que la réunion de deux classes (les « pères » plus les « mères » = tous les parents, etc.). De même on reconnaîtra les « schèmes d'ordre » dans les conduites les plus disparates, comme d'utiliser certains moyens « avant » d'atteindre le but, de ranger des pots par ordre de grandeur, de construire une série mathématique, etc. D'autres schèmes d'actions sont beaucoup moins généraux et n'aboutissent pas à des opérations intériorisées aussi abstraites : par exemple, les schèmes de balancer un objet suspendu, de tirer un véhicule, de viser un objectif, etc. » [49].

Ces procédures d'abstraction des schèmes d'action indiquant le caractère agissant de tout être humain se retrouvent dans les catégories de l'apprentissage identifiées par l'anthropologue Grégory Bateson : l'apprentissage au premier et celui au second degré — lesquels d'ailleurs ne sont pas exclusifs l'un de l'autre [50]. *L'apprentissage au premier degré* correspond à la maîtrise d'aptitudes particulières ; *l'apprentissage au second degré* porte moins sur un contenu concret que sur des opérations ou, comme dit G. Bateson, sur des « codifications » de schèmes d'action. Dans l'apprentissage du premier degré ou apprentissage particulier, l'acteur acquiert des ensembles de savoirs collectifs mais spécifiques qui lui permettent de jouer un certain nombre de rôles plus ou moins précis tandis que l'apprentissage au second degré ou apprentissage généralisé recouvre des schèmes, des opérations, des dispositions globales. Les joueurs du ballon ovale apprennent les règles du rugby et les rôles qu'ils doivent tenir dans une équipe ; simultanément, ils « apprennent à apprendre » à jouer du rugby. Et c'est précisément cet apprentissage au second degré qui rend possible et probable de nouveaux styles de jeu. De même, regardons le novice sur un court de tenis. Lors des premières leçons, le voici imitant, reproduisant avec application les gestes précis du partenaire expérimenté mais, petit à petit, son jeu devient autonome.

49. J. Piaget, *Introduction à l'épistémologie génétique*, t. 1, *La pensée mathématique*, Paris, Presses Universitaires de France, 1949, p. 84.

50. G. Bateson, *Vers une écologie de l'esprit*, Paris, Le Seuil, 1977.

Bientôt, grâce à la maîtrise des opérations nécessaires pour bien jouer au tennis, ce joueur pourra faire face à des situations inédites, affronter de nouveaux partenaires et trouver son style.

A bien y voir, sans ces procès d'apprentissage généralisé, l'action sociale serait-elle viable et vivable ? Il ne le semble pas ou, pour le moins, le poids des charges d'apprentissage serait lourd à supporter. L'absence d'apprentissage au second degré exigerait des acteurs soit de se trouver dans des contextes identiques aux situations d'acquisition des savoirs, soit d'apprendre à chaque expérience, qui ne serait pas identique à celles déjà vécues, de nouveaux savoirs. Or, commente F. Bourricaud,

> « l'individu socialisé n'est pas seulement un individu qui possède un certain nombre de savoir-faire spécifiques, qui sait jouer un certain nombre de rôles strictement définis. Le « capital culturel » ne consiste pas en un stock d'excellences, qui correspondraient bien univoquement du côté des individus à l'emploi et au statut que la société leur assignerait dans une hiérarchie préexistant au processus d'allocation ? La société « inculque » aussi des dispositions très générales. Et même si à la manière des sociologues radicaux on attribue au « capitalisme » toute la préscience et toute la jouissance du « malin génie », il faut tenir compte que le capitalisme étant décrit comme un processus d'auto-destruction, son fonctionnement de changement accéléré au moins dans l'ordre des techniques, le fonctionnement du système est censé requérir une très grande mobilité, sinon des personnes, du moins des emplois. Si dans les sociétés industrielles « avancées » la socialisation se réduisait à « l'inculcation » de quelques habitus rigides, on voit mal comment elle pourrait remplir la fonction de « reproduction » qui lui est assignée. En d'autres termes, surtout dans le cas de nos sociétés, on ne peut attribuer cette fonction aux habitus que si on traite leur acquisition non comme un dressage, mais comme un apprentissage, au second degré » [51].

Ces éléments de réflexion permettent de circonscrire l'idée de pratique dans l'action sociale.. *Déclarer que l'action sociale est une pratique,* cela indique que

(1) les phénomènes d'apprentissage des savoirs montrent un individu agissant ;

(2) les savoirs maîtrisés recouvrent des aptitudes spécifiques *et* des capacités générales ;

---

51. F. Bourricaud, « Contre le sociologisme... », *op. cit.*, pp. 583-603.

(3) si ces dernières capacités ne forment pas des répertoires finis d'actions toutes faites, prêtes à l'emploi, elles invitent l'acteur à traiter l'expérience comme un ensemble de possibles et de probables. Par suite, tant lors de la genèse des compétences qu'au cours des performances, l'individu demeure actif.

Cette combinaison d'aptitudes spécifiques et de capacités générales précise la compétence d'action des individus. Parfois les savoirs, relatifs par exemple aux conduites de moralité, correspondent à des obligations précises, circonscrites à des champs d'application et bien souvent assorties de sanctions définies ; dans d'autres cas, les savoirs s'apparentent à des dispositions générales qui « structurent », opérationnalisent les performances éventuelles sans la mise à jour d'éléments normatifs explicites. Deux agents de police font une ronde de nuit, raconte M.H. Mehan, dans une étude sur les policiers en tenue [52], l'un d'entre eux s'arrête. « Diable, il y a quelque chose qui cloche. Allons voir » dit-il à son collègue. Les agents peuvent découvrir un garçon en train de lutiner sa petite amie, un satyre, un chat, un maraudeur, que sais-je encore ? Mais les agents ne savent pas ce qui ne va pas quand ils commencent leur recherche ; ils ne savent pas non plus « quel est ce quelque chose qui cloche ». Par contre, les agents de police maîtrisent des savoirs pratiques qui leur permettent de reconnaître une situation normale. Les agents « savent » que M. et Mme Dupont dorment la porte ouverte ; ils « savent » aussi à quelle heure le troquet du boulevard ferme ; etc. Pour expliquer la démarche des agents, il ne semble pas nécessaire de postuler la présence de valeurs et de normes définies informant directement l'action mais il suffit d'admettre la présence chez les deux policiers d'une compétence générale à reconnaître « ce qui cloche » au cours d'une ronde de nuit dans un quartier.

52. M. H. Mehan, *op. cit.*, p. 76.

CONSÉQUENCES DE LA NOTION COGNITIVE DE L'ACTION SOCIALE : UN NOUVEAU REGARD SUR LA SOCIALISATION

La conception normative de l'acteur présuppose l'existence d'une socialisation prégnante. Si les valeurs, les normes contiennent virtuellement des actions définies, ces éléments doivent être profondément intériorisés par les agents afin de pouvoir agir. Valeurs et normes deviennent des parties intégrantes de la personnalité d'ego ou d'alter. En somme, une intériorisation serait réussie quand les consignes sociales, présentes sous la forme de valeurs et de normes, développent à terme un sentiment d'autonomie d'ego et d'alter. Le sentiment de ce qu'il faut faire devient indépendant d'une simple obéissance : l'acteur fait sien le cadre collectif. Dès lors, l'intériorisation équivaut à un double processus : connaissance *et* attachement affectif aux valeurs et aux normes. Cette inculcation a d'autant plus de chances de se produire et de réussir si elle s'effectue dans les périodes de développement intellectuel et affectif d'ego : au cours de l'enfance et de l'adolescence. Le jumelage des apprentissages précoces et des investissements affectifs concourent, ou tout du moins tendent, à donner un caractère stable à l'intériorisation du cadre normatif. Ce n'est donc pas un hasard si les avocats d'une interprétation normative de l'action perçoivent dans la socialisation précoce réussie un « prérequis essentiel du fonctionnement harmonieux des collectivités » [53].

---

53. Dans un article célèbre, véritable manifeste du structuro-fonctionnalisme anglo-saxon, un groupe de sociologues américains dresse un catalogue des « prérequis fonctionnels » (*i.e.* des impératifs) nécessaires à l'équilibre de toute société : la différenciation et l'attribution des rôles ; des orientations cognitives communes ; un ensemble commun et articulé de buts ; la régulation de l'expression affective ; la socialisation des membres ; un contrôle efficace des formes déviantes de conduite, etc. D.F. Aberle, A.K. Cohen, A.K. Davis, M.J. Levy, F.X. Sutton, « The Functional Prerequisites of a Society », *Ethics*, *IX*, 1, janvier 1950, pp. 100-111. L'ouvrage de M.J. Levy développe ce thème, *The Structure of Society*, Princeton, Princeton University Press, 1952.

La perspective d'études cognitives de l'action suggère des modalités autres de la socialisation [54]. Tout d'abord, admettre plusieurs faces aux phénomènes d'apprentissage laisse place à des fluctuations dans les taux d'investissement affectif : « On n'intériorise pas le tabou de l'homosexualité comme on intériorise les opérations logiques, remarque F. Bourricaud. Ni du point de vue de l'apprentissage, ni du point de vue de la pratique de la règle, une fois apprises, les deux situations ne sont pas comparables (...) ; les normes morales sont restrictives et inhibitrices » [55]. Mais si l'apprentissage est souvent de l'ordre du second degré, si celui-ci s'insère dans tout apprentissage, l'individu n'est pas nécessairement et toujours immergé dans une affectivité source d'obligations. La capacité d'ego à établir une distance affective risque d'être forte quand il s'agit de dispositions générales. La compétence des agents de police à détecter « ce qui cloche » au cours d'une ronde n'exige pas pour s'exercer une forte dose d'affectivité. En revanche, l'apprentissage et l'exercice des compétences vont dépendre beaucoup plus des circonstances dans lesquelles elles se manifestent.

Dans cette perspective d'étude cognitive, l'apprentissage précoce, nonobstant son importance, s'accompagne aussi d'une socialisation continue qui se déroule tout au long de la biographie des acteurs ; si nombre d'apprentissages requièrent peu d'affectivité, les acteurs s'adaptent ou innovent sans ressentir des stress excessifs ; de plus, outre l'intériorisation réussie, d'autres phénomènes vont organiser les rapports d'ego et d'alter : l'interaction sociale, l'échange, le pouvoir.

Le charme et le succès de la figure normative de l'action dont se régalent des sociologues vient pour une bonne part de la simplicité de la réponse qu'elle adresse au problème de l'ordre : un cadre d'obligations (*i.e.* de valeurs et de normes ou d'*habitus*) constitutives de rôles permet aux individus

---

54. Pour une illustration concrète de cette perspective d'étude, cf. J. Padioleau « La formation de la pensée politique : développement longitudinal et déterminants socio-culturels », *Revue Française de Sociologie*, XVII-3, 1976, pp. 451-484.
55. F. Bourricaud, « Contre le sociologisme », *op. cit.*, p. 591.

d'établir des rapports ordonnés. L'enjeu de l'action sociale équivaut alors à celui de la *reproduction de l'uniformité par la socialisation*. Dans la perspective de l'action sociale qui est la nôtre, l'organisation de la diversité ne naît pas simplement et uniquement de l'acquisition des valeurs ou des normes régies par des sentiments d'obligation mais de dispositions plus générales structurantes et variables selon les contextes. En conséquence, quels sont les *modus operandi* complémentaires qui permettent la naissance de l'ordre ? Dans les pages précédentes, des images ou des intuitions laissent entrevoir quelques-uns des mécanismes à l'œuvre, comme celui des prises de rôles réciproques des joueurs d'une équipe de rugby. Nous allons les préciser par l'étude de l'interaction sociale et de l'interdépendance collective.

Ouvrages et articles de référence

N. Arm-stead, *Reconstructing Social Psychology*, Harmondsworth, Penguin Books, 1974.

R. Boudon, *La place du désordre*, Paris, P.U.F, 1981.

P. Bourdieu, *La Distinction*, Paris, Editions de Minuit, 1979.

P. Bourdieu, *Ce que parler veut dire*, Paris, Fayard, 1982.

A. Cicourel, *Sociologie cognitive*, Paris, P.U.F., 1979.

R. Dahrendorf, *Homo sociologicus*, Londres, Routledge & Kegan Paul, 1973.

N. Elias *What is Sociology* ?, New York, Columbia University, 1978.

W. Handel, « Normative Expectations and the Emergence of Meaning as Solutions to Problems : Convergence of Structural and Interactionist Views », *American Journal of Sociology*, 1979, *84*, 4, pp. 855-881.

H. Harré et P.F. Secord, *The Explanation of Social Behaviour*, Totowa, New Jersey, Littlefied, Adams, 1973.

R.L. Hauer, W.H. Handel, *Social Psychology : the Theory and Application of Symbolic Interactionism*, Boston, Houghton Mifflin Co, 1977.

R. Holland, *Self and Social Context*, Londres, MacMillan, 1977.

G. Mulligan, « Social Facts and Rules of Practice », *American Journal of Sociology*, 1977, *83*, 3, pp. 539-551.

Th. P. Wilson, « Conceptions of Interaction and Forms of Sociological Explanation », *American Sociological Review*, 1970, *35*, 4, pp. 697-710.

CHAPITRE II

L'INTERACTION SOCIALE

Deux contextes-types, caractéristiques de l'action sociale, révèlent les principaux mécanismes générateurs de rapports organisés entre ego et alter. Appelons respectivement ces figures : l'interaction sociale et l'interdépendance collective *. Le cas de l'interaction sociale nous est déjà coutumier puisqu'il se profile dans le chapitre précédent où l'action se montre sous le visage du couple ego-alter dont les paragraphes suivants préciseront les rapports. L'interdépendance collective représente une modalité particulière de l'interaction sociale. Dans ces situations, les individus ont besoin pour agir du concours d'autres acteurs ou de prendre en compte explicitement leur existence. Les résultats des conduites ne dépendent pas uniquement de la décision prise ou envisagée par l'individu mais aussi de celles mises en œuvre par les autres. Par suite, dans les phénomènes d'interdépendance collective, l'action déborde le schéma d'un rapport entre les moyens et les fins pour inclure une dimension stratégique de gains et de coûts.

PRINCIPES FONDAMENTAUX

La méprise serait grande de réduire l'interaction sociale d'ego et alter à une simple mise en rapport ou en contact.

* Cette distinction est aussi effecutée par R. Boudon dans *La logique du social* (*op. cit.*, chap. III et IV).

Selon les schémas des ingénieurs de la communication, l'interaction désigne la rencontre entre un message, émis par une source et transmis par un canal, et un récepteur. L'interaction entre deux acteurs A et B, peut-on écrire, est

> « une situation dans laquelle des changements de l'acteur A induisent des variations sur l'agent B via des flux de matière, d'énergie ou d'information » [1].

Selon le point de vue technologique de l'interaction, le récepteur reçoit des messages transmis par un canal et seul un observateur externe peut saisir l'ensemble de la relation. Or, dans l'interaction sociale, la relation est *réversible* et *simultanée* : ego et alter, peuvent être *tout à la fois* émetteur et récepteur ; le schéma fléché (A →B ; B →A), cher aux ingénieurs, doit faire place à l'image d'un couple d'interconnexions (A $\overset{\longleftrightarrow}{\longleftrightarrow}$ B). Cette double caractéristique de réversibilité et de simultanéité de l'interaction sociale naît d'attitudes fondamentales de l'être humain :

(i) l'acteur social se représente lui-même ;
(ii) il se met à la place d'autrui ;
(iii) l'acteur social anticipe ;
(iiii) il rétroagit. [2]

Précisons. *Ego* et *alter* alternent symboliquement, c'est-à-dire, selon la formule de G.H. Mead, « qu'ils peuvent se mettre à la place de l'autre » [3]. Cette capacité d'alternance symbolique se développe dès la prime enfance : les tout-petits découvrent pas à pas que les gestes ou les actions qu'ils entreprennent entraînent des réponses. Peu à peu l'enfant prend conscience des suites de ses actes lesquels deviennent porteurs de significations vécues ; simultanément, l'enfant attribue à autrui ces sentiments de prise de conscience et, dans le même élan, il s'efforce de prévoir les interprétations qu'alter projette.

---

1. A.F. Kuhn, *The Logic of Social Systems*, San Francisco, Jossey-Bass, 1974.
2. Ces postulats communs à plusieurs auteurs (Mead, Parsons, etc.) sont présentés en détail par W. Buckley, *op. cit.*
3. G.H. Mead, *L'esprit, le soi et la société*, Paris, P.U.F., 1963.

Cette capacité d'alternance symbolique se développe au cours d'une séquence longitudinale révélatrice d'un mouvement d'abstraction. L'enfant joue tout d'abord à bien circonscrire le rôle d'alter : il s'amuse à prendre la place du gendarme ou du docteur dont il reconstruit concrètement les gestes ou les attitudes. A ce stade, les tout-petits représentent les docteurs ou les gendarmes qui leur sont familiers. Ces phénomènes gagnent bientôt en abstraction quand l'enfant appréhende la structure des relations d'interdépendance entre une pluralité d'alter. Le garçon ou la petite fille se représente l'équipe d'un jeu collectif comme un ensemble « construit » de partenaires. En conséquence, l'idée d'autrui va au-delà de l'image d'une collection d'individus localisés pour correspondre à une structure de relations — ici l'équipe — intégrée par l'enfant dans l'accomplissement de ses performances [4]. Au cours de ce mouvement d'abstraction, alter devient, eu égard aux contextes d'action, « un autre généralisé » (*Generalized Other*) décrit par G.H. Mead :

> « L'attitude de l'autre généralisé est celle de toute la communauté. Ainsi dans le cas d'un groupe social tel que l'équipe, c'est l'équipe qui est l'autre généralisé dans la mesure où elle entre (comme processus organisé en activité sociale) dans l'expérience de l'un quelconque de ses membres » [5].

Les expériences de J. Piaget illustrent avec rigueur la généralité des phénomènes d'abstraction et d'alternance symbolique. Rappelons à ce sujet l'étude du principe de conservation par le psychologue. Sous les yeux d'un enfant très jeune l'expérimentateur remplit d'eau un vase ; puis il verse le liquide dans un récipient plus élevé. Pour l'enfant la quantité d'eau a changé ; les adultes ne perçoivent pas de changement : ils « conservent » l'identité de quantité en dépit des apparences. De son côté, l'enfant porte attention à des détails concrets : la forme du second récipient l'entraîne à voir un nouveau volume d'eau. L'adulte pense de façon abstraite, l'enfant d'une manière concrète. L'adulte se représente simultanément plusieurs aspects d'un problème ;

4. Cf. J. Padioleau, *op. cit.*
5. G.H. Mead, *op. cit.*, p. 131.

l'enfant s'en tient à une saisie de stimuli isolés [6]. Ces phénomènes d'abstraction se retrouvent dans les travaux empiriques portant sur les rapports entre ego et alter [7]. Ainsi, la maîtrise de la qualité transitive [8] des relations dépend du développement cognitif des personnes. Il y a transitivité si l'acteur A aime B et C, alors B aura tendance à aimer C. Les enfants âgés de trois ans ne se représentent pas ce type de relation ; c'est ainsi que dans une expérience ils choisiront les réponses au hasard ; mais par suite du développement de leur capacité à l'alternance symbolique, les jeunes sujets comprendront la transitivité des relations. Toutefois, si cette aptitude à tenir la place de l'autre apparaît chez tous les individus, des différences manifestes de capacité d'abstraction se révèlent : certains associent « l'autre généralisé » à des personnes concrètes et proches tandis que des individus construisent des images abstraites, comme celle de « société » [9].

En effet, ne nous méprenons pas : « l'autre généralisé » ne renvoie pas en toutes circonstances à un groupe réel d'acteurs ou à des liens immédiats avec des acteurs concrètement définis. Il s'agit plutôt de « constructions cognitives » qui peuvent correspondre à des règles abstraites comme les critères définissant ce qui est bien ou mal. Ego imagine ce que « l'autre généralisé » dirait ou ferait s'il se trouvait dans telle ou telle situation. De même, la notion de « l'autre généralisé » n'implique pas qu'ego considère tous les alter et que ceux-ci exercent une même influence sur ego. Parmi la pluralité des alter, « l'autre généralisé » regroupe

---

6. J. Piaget, *La construction du réel chez l'enfant*, 5e éd. Neuchatel, Delachaux et Niestlé, 1971.

7. Cf. par exemple M. Feffer, « Developmental Analysis of Interpersonal Behavior », *Psychological Review*, 1970, 77, pp. 197-214 ; S. Leinhardt, « Developmental Change in the Sentiment Structure of Children's Groups », *American Sociological Review*, 1972, *37*, 1, pp. 202-212 ; H.W. Smith, « Some Developmental Interpersonal Dynamics », *American Sociological Review*, 1973, *38*, 3, pp. 626-639.

8. Est transitive une relation qui lie un premier terme à un second, et ce dernier à un troisième terme de la même façon. Ex. A=B, B=C, A=C.

9. Nous avons développé ce problème dans J. Padioleau *op. cit.* ; J. Padioleau, M. Eymeriat « L'analyse des styles cognitifs dans la pensée sociale ou politique », *Année Sociologique*, vol. 32, 1982, pp. 39-59.

d'abord des acteurs significatifs pour ego. Cette idée est en effet centrale dans la notion de « groupe de référence » dont l'analyse sociologique fait grand usage : les individus se définissent et orientent souvent leurs actions en tenant compte des groupes auxquels ils appartiennent, de ceux auxquels ils désireraient appartenir ou, enfin, des groupes dont ils ne veulent pas faire partie, même si effectivement pour autrui ils lui appartiennent.

Lors des phénomènes d'alternance symbolique l'individu construit un environnement d'acteurs sociaux mais, en même temps, il se représente lui-même sous la forme d'un « *Moi* », c'est-à-dire comme un « objet » vu ou visible par autrui. De cette manière, le « *Soi* » ensemble des représentations qu'un individu projette pour définir son identité de lui et sur lui se réfléchit dans « le miroir du regard d'autrui », selon la formule de Ch. H. Cooley [10]. C'est en se mirant dans le regard que alter porte sur lui que ego construit son identité dont la nature sociale est perçue de sitôt. En fait dans cette omniprésence souvent subtile du couple ego-alter réside le caractère social de l'interaction.

> « L'action est sociale, écrit M. Weber, dans la mesure où, du fait de la signification subjective que l'individu ou les individus qui agissent y attachent, elle tient compte du comportement des autres et en est affectée dans son cours » [11].

En d'autres termes, au sein des performances des acteurs sociaux, s'agirait-il d'attitudes ou de conduites, s'insèrent toujours :

(i) la présence réelle ou imaginée de l'autre ;

(ii) la projection de significations fondées pour les partenaires et

(iii) l'influence des représentations qu'ego porte sur autrui ou sur ses propres actes.

---

10. Ch. H. Cooley, *Human Nature and the Social Order*, New York, Scribner, 1902.

11. M. Weber, *Theory of Social and Economic Organization*, New York, Free Press, 1964, p. 88.

Il n'y a donc pas à proprement parler d'action en soi, isolée, mais toujours, selon la formule d'H. Blumer, « action-jointe » (*joint-action*).

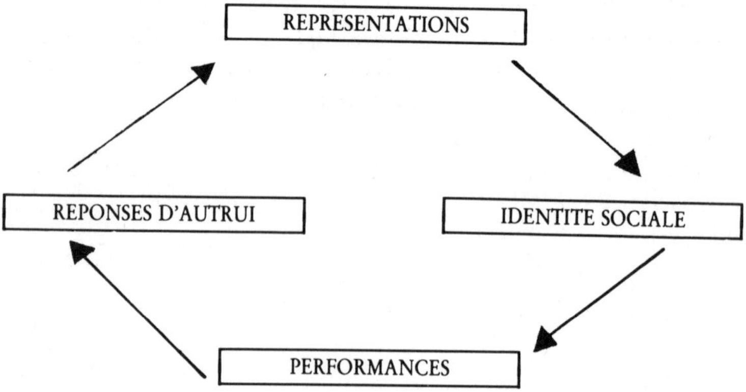

Où l'identité sociale :

(i) désigne les attributs de qualités (ambitieux, énergique, sexy) ou de rôles (avocat) qu'utilisent les acteurs pour se définir ;
(ii) dépend des représentations d'autrui perçues par ego et des réponses d'autrui aux performances d'ego [12].

Ici, le « Soi » d'un acteur ne s'apparente pas à une chose mais à un *état de flux*. L'individu élabore, planifie, modifie ses attitudes et ses conduites dans des séquences d'anticipations et de rétroactions avec autrui. Le « Moi » d'un père de famille est celui du poltron quand sa jeune maîtresse lui renvoie cette image puisqu'il refuse de parler avec sa femme de leur liaison ; sur le point de tout avouer, il se récuse à la vue de ses enfants ; mécontent de lui, il termine la soirée seul dans un bar, cristallisant plus encore son « Moi » de poltron. De même, observons la rencontre impromptue entre un ancien combattant cul-de-jatte et un civil bien portant. Surpris, ce dernier s'efforce de dissimuler son émotion. La rencontre risque d'être un commerce peu agréable si les

12. Schéma adapté de J.W. Kinch, « A Formalized Theory of the Self-Concept », *American Journal of Sociology*, 1963, 68, 3, pp. 481-486.

partenaires, comme en attestent les analyses de F. Davis, n'adoptent pas des conduites réciproques appropriées [13]. Très souvent, l'attention de l'individu bien portant n'arrive pas à se détacher des attributs caractéristiques de l'handicapé, ce qui le rend mal à l'aise. En général, l'ancien combattant détend la situation grâce à de l'humour ou par une profusion de sourires. Dans cet exemple, ne serait-ce qu'en raison des stigmates physiques qui le distinguent d'autrui, l'infirme semble posséder une identité précise bien qu'elle ne soit en rien figée. En fait, le contact avec autrui tout à la fois modifie, crée, re-crée les sentiments d'identité des infirmes. Des individus recourent à des conduites dites « d'acceptation fictive » : ils agissent comme si l'ancien combattant n'était pas handicapé ; d'autres personnes peuvent reconnaître et admettre d'entrée la condition particulière d'invalide. Dans l'un ou l'autre de ces cas de figure, par suite de gestes spécifiques émis par alter, l'ancien combattant reçoit des images diverses qui peuvent entraîner des modifications minimes ou substantielles de son sentiment d'identité. Comme le dit pertinemment R.A. Scott, les rapports que nous entretenons avec les aveugles « fabriquent » des aveugles [14]. Des sentiments de pitié confinent les mal-voyants dans des attitudes de dépendance bien qu'il soit possible grâce à des attitudes plus positives de les reconnaître autonomes et actifs.

Toutes ces idées, du moins dans leurs grandes lignes ne surprendront pas les lecteurs d'Adam Smith qui ne se contentent pas d'être familiers avec les *Recherches sur la nature et les causes de la richesse des nations* (1776). Dans un maître ouvrage précédent — *La théorie des sentiments moraux* (1759), auquel d'ailleurs il apportera des modifications et des révisions jusqu'à sa mort — A. Smith disséquait en effet les sentiments de « sympathie » des individus pour

---

13. F. Davis, « Deviance Disavowal : the Management of Strained Interaction by the Visibly Handicapped », *Symbolic Interaction*, sous la direction de J.G. Manis et B.N. Meltzer, Boston, Allyn and Bacon, 1967, p. 198 et suivantes.
14. R.A. Scott, *The Making of Blind Men*, New York, Russel Sage Foundation, 1969.

autrui. Ce faisant, l'auteur de la *Richesse des nations* formalisait un modèle de l'interaction sociale dont la nouveauté n'échappe pas aujourd'hui aux spécialistes [15]. Smith isole en effet le couple indissociable ego-alter comme unité d'analyse. Plus encore, les phénomènes de sympathie ne se réduisent pas à des états stables, mais d'entrée Smith les insère dans un contexte ou s'agencent des rapports : les représentations d'ego et d'autrui, les conduites réciproques et les circonstances qui les entourent. Dès lors, bien qu'à l'époque l'on y vît des données de nature, dans le schéma d'A. Smith, les sentiments de sympathie laissent poindre l'œuvre de phénomènes d'apprentissage.

RÉDUCTION DE L'INCERTITUDE ET INTERACTION SOCIALE

Si ces phénomènes de représentation, d'anticipation ou de rétroaction soulignent la nature dynamique et adaptative de l'interaction sociale, cette dernière nécessite néanmoins des composantes de stabilité. L'image familière du chaos surviendrait une fois de plus si l'instabilité radicale caractérisait les identités réciproques d'ego ou d'alter. Le *modus operandi* fondamental de l'interaction sociale se découvre à présent : *les processus constitutifs de l'interaction sociale* — l'alternance symbolique, l'auto-représentation, l'anticipation — *réduisent les phénomènes d'incertitude*. Deux voyageurs se rencontrent pour la première fois dans le compartiment d'un train express. L'incertitude présente dans cette scène est élevée : ces deux personnes, par suite du manque total d'informations sur elles-mêmes, se sentent mal à l'aise ; fort à propos des recettes de conversation atténuent l'incertitude. « Le temps n'est-il pas splendide aujourd'hui ? » interroge l'une d'elles, en prévoyant l'aptitude de l'autre voyageur à lui répondre — fût-ce par le silence. Dans cette situation ego anticipe des réponses possibles et probables correspondant à

---

15. Cf. par exemple, R. Anspach, « The Implications of the Theory of Moral Sentiments for Adam Smith's Economic Thought », *History of Political Economy*, 1972, 4, 1, pp. 176-203 ; T. Shibutani, *Society and Personality*, Englewood Cliffs, N.J. Prentice Hall, 1961.

la notion d'attentes organisées que nous avons introduite dans le chapitre précédent [16].

La première étape de construction des attentes organisées peut être dite phase d'*initiative* [17], l'acteur social fait un geste ou prononce une phrase dans l'espoir de susciter des réponses. Le propos sur la température estivale rapporté plus haut est un essai dans lequel se glissent des assertions qui permettent de s'attendre à des réactions : ainsi, le temps auquel se réfère le voyageur est-il celui qu'il fait au moment de la rencontre. Et le compagnon de route de rétorquer, sans doute avec le sourire : « Ah ! Certes. Mais ce n'est rien à côté du temps qui règne sur le Cap Ferrat ». Ce commentaire invite l'interlocuteur à poursuivre la conversation : « Ah ! Vous connaissez Eden-Roc ? » De même, dans la pénombre d'une discothèque, une caresse à l'improviste équivaut à un ballon d'essai libérateur ou répressif, selon les réponses du (ou de la) partenaire, d'un nouveau répertoire d'attentes. Toutefois alter peut interrompre la séquence attendue et déclarer : « Très cher(e), demeurons simplement des amis ». En somme, par cette seconde phase de *sélection*, les acteurs envisagent, avec plus ou moins de capacité réflexive, les réponses futures qui deviennent des répertoires d'attentes. Grâce à ces procédures de sélection, ego et alter construisent des séquences de conduites dépendantes, lesquelles, à la suite de cycles d'interactions, engendrent des *configurations* de rapports stables.

L'interaction sociale envisagée comme l'un des *modus operandi* de réduction de l'incertitude permet de donner un nouvel éclairage sur les principaux types d'attentes réciproques génératrices de stabilité. Certaines attentes correspondent à des conduites ou à des attitudes ressenties comme plus ou moins obligatoires par les acteurs : les *normes* de la

---

16. Pour des exemples identiques pris dans la vie quotidienne, cf. les études de Lalljie et Cook, « Uncertainty in First Encounters », *Journal of Personality and Social Psychology*, 1973, *26*, 1, pp. 137-141 ; Ch. Berger, « Explorations in Initial Interaction », *Harvard Business Review*, 1975, 1, pp. 100-105.

17. Cette présentation succincte s'inspire du modèle d'interaction décrit par K. Weick dans *The Social Psychology of Organizing*, Reading, Mass., Addison-Wesley, 1969.

tradition sociologique. Une seconde catégorie d'attentes connues sous l'emblême de *rôles* désignent quels acteurs sociaux doivent faire telle ou telle action, selon quelles modalités et avec quels partenaires. Ego et alter s'attendent à ce que les titulaires de positions sociales, comme celle de cardinal par exemple, possèdent des attributs et qu'ils respectent les conduites caractéristiques de ces positions. Le grand public perçoit, à tort ou à raison, un scandale quand un cardinal d'un âge certain fait halte chez une jeune femme qui, comme dirait Stendhal, « a fait parler d'elle ». D'autres attentes, ou « *agenda* » dans le sabir sociologique anglo-saxon, précisent l'ordonnancement temporel des performances éventuelles. Les agendas revêtent souvent dans les bureaucraties privées ou publiques des formes visibles quand divers règlements indiquent la séquence des tâches du chacun dans un atelier ou des figures tacites dans la vie quotidienne : je ne dis pas au revoir quand j'arrive chez des amis.

La dernière catégorie d'attentes est celle des *motifs* correspondant aux intentions que les individus projettent de façon réciproque sur leurs actes. En effet, dans une perspective d'analyse cognitive, les motifs ne s'identifient pas à des besoins internes de l'individu dont parlent par exemple les spécialistes de la psychologie des profondeurs. Les motifs désignent des hypothèses construites par ego et alter pour interpréter des actions réelles ou futures. Dans un bureau, le téléphone sonne ; l'une des employées se lève et se dirige vers l'appareil : j'en déduis qu'elle s'apprête à répondre. Ce faisant, j'imagine peut-être à tort l'intention de cette personne. Quoi qu'il en soit, la pertinence des prévisions, les motifs correspondent, pour la sociologie cognitive, à des attentes de décodage des contextes dans lesquels évoluent les acteurs sociaux. Par suite, dans notre cadre d'étude, les *motivations* apparaissent sous un visage particulier. Les motivations consistent dans des phénomènes d'interprétation des attentes. Les manières dont ego et alter se représentent les attentes associées à l'une ou à l'autre des conduites possibles déterminent leur choix d'entreprendre ou non un acte. Avec plus de précision : soit un acteur quelconque X ; X construit des attentes définissant les probabilités subjectives de la venue d'un phénomène Y ou Z ; ces derniers plaisent plus ou moins à X qui projette sur Y et Z des « valences » c'est-à-dire des taux perçus de satisfaction ou de mécontentement associés à Y et Z. Par suite la motivation de l'acteur X équivaut à : Σ (attentes x valences). Les conduites de X peuvent subir l'influence de plusieurs rapports comme celui de l'attente qui s'établit entre les efforts nécessaires à l'exécution d'un acte ; ou bien, l'individu X imagine le rapport entre les résulats d'une action et les coûts requis pour l'entreprendre. Dans ces circonstances les motivations d'une personne ou d'un groupe seront d'autant plus fortes lorsque :

(i) les individus ou les groupes associent les conduites à des résultats ;
(ii) les acteurs projettent des valeurs positives sur les résultats ;
(iii) les individus ou les groupes se sentent compétents pour réaliser les performances attendues [18].

LA DYNAMIQUE INTRINSÈQUE DE L'ACTION-JOINTE : LE REGARD INTERACTIONNISTE

Bien qu'elle semble à la réflexion une évidence première, reconnaître la nature interactive de l'action sociale s'avère en pratique une entreprise plus difficile qu'il n'y paraît tant nous sommes peu accoutumés à concevoir en ces termes l'ordre qui se crée entre les agents. L'évocation d'un des classiques de l'anthropologie contemporaine, « Naven » par G. Bateson, permet de rendre sensibles les particularités du regard interactionniste [19].

---

18. Cf. K. Weick, *op. cit.* ; V. Vroom, *Work and Motivation*, New York, Wiley, 1964 ; T. Mitchell, « Expectancy Models of Job Satisfaction, Occupational Preference and Effort : a Theoretical and Methodological and Empirical Appraisal », *Psychological Bulletin*, 1974, 81, pp. 1053-1077 ; R.M. Steers, L.W. Porter, *Motivation and Work Behavior*, New York, McGraw Hill, 1979.

19. G. Bateson, *La cérémonie du Naven*, Paris, Editions de Minuit, 1971.

Les tribus Iatmul de Nouvelle-Guinée pratiquent une cérémonie rituelle particulière le *naven* : les hommes s'y habillent en femmes et les femmes en hommes. Le *naven* se déroule pour célébrer les actes et exploits du *laua* (enfant de sœur). Chaque fois qu'un *laua* accomplit un acte culturel donné, et spécialement lorsque l'enfant l'accomplit pour la première fois, le fait peut être célébré par son *wau* (frère de mère). Les actes qui peuvent être remarqués par le *wau* comprennent des faits comme de tuer un animal, d'abattre un palmier, d'aller à un autre village et d'en revenir, etc. Voici contée par G. Bateson le *naven* d'un jeune homme qui avait construit une pirogue pour la première fois de sa vie. Le garçon s'en vante en présence de deux *wau* qui portent les vêtements de deuil des veuves. Ainsi attifés, les *wau* sont appelés « mères ».

> « Dans ce costume dégoutant, avec des visages très sérieux (...) les deux “mères” clopinaient autour du village, se servant chacune en guise de canne d'une pagaie à manche court comme celle qu'emploient les femmes (...). Les “mères” erraient de cette façon dans le village à la recherche de leur “enfant” (le *laua*) et de temps en temps, d'une voix cassée et aiguë, s'enquéraient auprès des spectateurs de l'endroit où il était allé. “Nous avons une volaille à lui donner.” En réalité, pendant ce temps, le *laua* avait quitté le village ou encore se cachait : dès qu'il se rendait compte que ses *wau* allaient de cette façon se couvrir de honte, il partait pour échapper au spectacle de leur dégradation. Si le *wau* réussit à trouver le garçon, il s'avilit encore plus en frottant la fente de ses fesses sur toute la longueur de la jambe de son *laua*. C'est une sorte de salut sexuel qui amène, dit-on, le *laua* à se hâter d'obtenir des objets de valeur qu'il peut offrir à son *wau* pour l'amadouer. Le *laua* doit, théoriquement tout au moins, apporter des objets de valeur autant de fois que le *wau* répète son geste : un coquillage pour chaque frottement de son postérieur » [20].

Le *naven* intrigue l'anthropologue car dans les tribus Iatmul la division des rôles sexuels est très marquée, en particulier, les mâles ne doivent pas faire montre d'attitudes féminines comme celles de soumission. La plupart des sociologues patentés ne partageaient sans doute pas ce sentiment de surprise. Nous pouvons voir en effet dans le rituel du *naven* un moyen d'affirmer la cohésion sociale ; le

20. *Op. cit.*, pp. 19-20.

but d'harmonie nécessite que soit célébrée la division sexuelle. D'autres observateurs s'enquéraient des causes du *naven* comme celle de l'existence de traditions dans les communautés Iatmul. Les *laua* et les *wau* exécuteraient les rôles attendus et prescrits par la coutume. Ces analyses formulées en termes de buts ou de causes, bien qu'elles puissent présenter un intérêt, nous apprennent peu de choses sur le déroulement concret du *naven*. L'originalité de G. Bateson réside fort à propos dans l'examen des pratiques elles-mêmes du *naven*. Précisément, *le regard interactionniste consiste à étudier, pour elles-mêmes, les réactions des individus aux réactions des autres individus*. « Il faut considérer la relation entre individus comme capable de se modifier de temps à autre, *même sans intervention extérieure*, et examiner non seulement les réactions de A au comportement de B, mais aussi comment ces réactions affectent la conduite de B et l'effet de cette dernière sur A »[21].

Cette analyse interactionniste découvre des processus de « schismogénèse » correspondant à des « processus de différentiation dans les normes de comportement individuel résultant d'interactions cumulatives entre des individus »[22]. La *schismogénèse complémentaire* désigne la différenciation croissante des rôles attendus : si le *laua* affiche une vantardise très forte, le *wau* répond par des attitudes accentuées de soumission. L'émission d'actes particuliers déclenche des réponses complémentaires des partenaires engagés dans l'interaction.

> « Soit par exemple, écrit G. Bateson, un des modèles de comportement culturellement approprié à l'individu A et considéré comme un modèle autoritaire. On s'attend à ce que B y réponde par ce qui est considéré culturellement comme de la soumission. Il est probable que cette soumission favorisera un autre acte autoritaire qui exigera à son tour la soumission. Nous avons ainsi une relation qui change progessivement et, à moins que d'autres facteurs n'interviennent, A deviendra nécessairement de plus en plus autoritaire et B de plus en plus soumis »[23].

---

21. G. Bateson, *op. cit.*, p. 189. Souligné par nous.
22. G. Bateson, *op. cit.*, p. 189.
23. *Id.*, p. 189.

La *schismogénèse symétrique* dévoile des phénomènes croissants de similarité dans les conduites des acteurs sociaux.

« Il existe, note G. Bateson, un autre modèle de relation entre individus ou groupes d'individus qui contient également les germes d'un changement progressif : si par exemple la vantardise constitue le modèle culturel de comportement d'un groupe et si l'autre groupe y répond aussi par la vantardise, une situation de compétition peut se développer dans laquelle la vantardise mène à une surenchère et ainsi de suite » [24].

Or, si l'un ou l'autre de ces processus se déroule sans frein, tôt ou tard le rituel risque d'exploser : ce que l'observation dément. Tout se passe comme si des actes extrêmes déclenchaient l'arrivée de processus inverses créateurs d'un équilibre dynamique et permettant au rituel de se poursuivre.

« Un jeune Iatmul avait un nez magnifique, raconte G. Bateson, et il découvrit la manière d'extraire le sagou ; toutes les femmes étaient amoureuses de lui. Avec cet humour typique des Iatmul, il les fit mettre en deux files, celles qui avaient des poils au pubis d'un côté et celles qui n'en avaient pas de l'autre, puis il copula avec toutes. A ce moment, les mécanismes de contrôle entrèrent en jeu : le héros fut assassiné par les maris (...). En général, bien que la fierté et la ruse soient valorisées si un homme va trop loin dans la violence, ses femmes le quittent, ses beaux-frères se retournent contre lui et il vit sous la menace d'une mort violente, très probablement par sorcellerie » [25].

Précisément, au cours du *naven*, régulé par les processus complémentaires de schismogénèse, les Iatmul apprennent à éviter les postures extrêmes. Les attitudes de soumission désamorcent les prouesses de vantardise. Ce faisant, les jeunes Iatmul incorporent la division des rôles sexuels et ils évitent d'entrer dans la spirale d'une guerre des sexes qui ruinerait l'harmonie du groupe.

Généralisons. L'analyse du *naven* par G. Bateson illustre les principaux traits du regard interactionniste :

(i) les rapports présents, ici et maintenant, doivent être étudiés dans leur existence concrète et, en particulier,

24. *Id.* p. 190.
25. *Id.* p. 231.

l'attention de l'observateur doit porter sur les ajustements réciproques entre les membres des systèmes d'action ;

(ii) les rapports forment un système de relations régi par un équilibre dynamique : les apparences de stabilité ne doivent pas masquer le caractère incessant des flux d'interaction sans cesse renouvelés qui s'instaurent entre les agents ;

(iii) la présence de phénomènes de rétroaction (*feedback*) permet au système de relations de se reproduire mais aussi de se transformer ;

(iiii) dès lors, le point de vue interactionniste abandonne l'image d'une causalité linéaire (causes → effets) pour une conception circulaire ou cyclique.

Au cours du processus de schismogénèse complémentaire, les conduites des partenaires sont tout à la fois cause et effet. La vantardise du *laua* représente la cause et l'effet des attitudes de soumission du *wau*, les postures du *wau* encouragent en retour la fierté du *laua* mais, en même temps, elles sont des réponses à la vantardise du jeune mâle. D'un mot, par rapport à un examen linéaire (causes → effets), le regard interactionniste privilégie l'étude de la *configuration d'ensemble* des rapports ego-alter.

L'exotisme du *naven* ne doit pas voiler la pertinence du regard interactionniste pour étudier des phénomènes dont nous avons l'expérience indigène. Des processus de schismogénèse complémentaire régissent les rapports d'un couple : lorsque le mari se distingue par des attitudes de passivité, les comportements de l'épouse frappent plutôt par leur agressivité [26]. L'interaction entre les partenaires donne naissance à un couple en état d'équilibre dynamique. L'inertie de l'époux provoque les humeurs de son conjoint et la grogne de l'épouse renforce l'indifférence du mari. Les partenaires ignorent sans doute ces processus de complémentarité. En fait, il importe peu : les phénomènes de « *feedback* » entretiennent la reproduction des rapports : les conduites réciproques des époux sont tout à la fois cause et effet. Dans cette nature interactive des rapports conjugaux,

---

26. Cf. P. Watzlawick *et al.*, *op. cit.*

réside l'origine de phénomènes familiers aux écrivains de théâtre [27]. De temps à autre, maris et femmes donnent des interprétations contradictoires du fonctionnement de la vie commune. Le mari interprète ses conduites comme des réponses aux attitudes de sa femme : « Elle n'arrête pas de râler ; alors je m'écrase ». Et l'épouse de rétorquer avec non moins d'aplomb : « Si je ne rouspète pas... une vraie limace. Il faut toujours le secouer ». Chacun des partenaires se représente comme étant la victime de l'autre ; femme et mari ne saisissent pas la figure d'interaction dans son ensemble bien qu'à terme elle puisse détruire leur alliance.

Des phénomènes similaires d'interaction entretiennent et développent des attitudes de concurrence entre les acteurs sociaux. Kelley et Stahelski placent deux individus dans un contexte d'expérience : l'un des sujets se voit assigné le rôle d'une personne coopérative tandis que l'autre remplit le personnage d'un gagneur, épris de compétition. Les conduites originelles se transforment au cours du déroulement de l'expérience et bientôt les attitudes des joueurs convergent : l'arrogance répétée du gagneur oblige l'individu qui joue le rôle du bon bougre à réagir par des attitudes de gagneur ; en retour, le sujet compétitif interprète les nouvelles attitudes de la personne cooopérative à la lumière de ses dispositions de gagneur. Conséquence : le sujet à la mentalité de gagneur accentue ses attitudes de concurrence, lesquelles renforcent les nouvelles perceptions du partenaire coopératif. Du simple fait de l'interaction, les rapports s'engagent dans une spirale d'intense compétition bien que chacun des joueurs, à titre individuel, ne le souhaite pas [28].

---

27. A titre d'exemple, la pièce d'E. Albee, *Qui a peur de Virginia Woolf ?* dont P. Watzlawick fait un commentaire dans *Logique de la communication, op. cit.*

28. H.H. Kelley, A.J. Stahelski, « Social Interaction Basis of Cooperators'and Competitors' Beliefs about Others », *Journal of Personality and Social Psychology*, 1970, *16*, 1, pp. 66-91.

Complétons à présent le portrait de l'homo sociologicus cognitif :

(i) l'acteur social élabore des définitions de Soi, d'Autrui, de conduites, d'attitudes, de ressources et de buts ;

(ii) des contraintes collectives externes aux acteurs influencent les définitions subjectives (normes, rôles, agendas, motifs) ;

(iii) l'interaction sociale est un processus d'adaptation pour harmoniser les définitions subjectives et les éléments collectifs ;

(iiii) les acteurs sociaux adaptent leurs performances respectives quand les définitions subjectives et les éléments collectifs sont perçus comme problématiques.

Il faut le remarquer : l'homo sociologicus cognitif s'accommode des visions normatives et utilitaristes de l'acteur social [29]. Ainsi dans les phénomènes d'échange, abordés dans l'un des chapitres suivants, les acteurs agissent par rapport aux appréciations subjectives qu'ils formulent ; les individus comparent des coûts et des bénéfices ; ils évaluent les ressources et les contraintes des performances futures. Cette image utilitariste de l'acteur social s'écarte peu de l'interprétation cognitive de l'homo sociologicus. L'acteur utilitariste considère des alternatives, formule des préférences et choisit des options grâce aux processus cognitifs qui les définissent ou les rendent significatives.

Toutefois la vision cognitive de l'acteur social rappelle à l'utilitarisme une donnée primordiale : *les fonctions de préférence ne se réduisent pas à de banals calculs individuels et subjectifs d'utilité. Les calculs comprennent des éléments collectifs (rôles, normes, etc.) sans lesquels les échanges ne sauraient exister*. Rappelons-le : si les partenaires ne possé-

29. Ce point de vue est fort bien développé par P. Singelmann, « Exchange as Symbolic Interaction : Convergence between two Theoretical Perspectives », *American Sociological Review*, 1972, *37*, 2, pp. 414-424.

daient pas des compétences communes pour définir l'utilité respective des biens échangés, comment pourraient-ils établir des transactions ? Certes, la plupart des économistes ne s'embarrassent guère de ces éléments collectifs pour étudier les fonctions d'offre et de demande, ou plutôt ils les considèrent comme des données situées au-delà du champ d'enquête de la science économique. Ce choix critique, pertinent sans doute en économie, soulève des objections quand les partisans d'un mode d'étude utilitariste dénient tout intérêt aux éléments collectifs [30]. A cet égard, l'exemple de la participation électorale mérite d'être rapporté. Dans les travaux de la science politique contemporaine abondent des modèles utilitaristes de conduites électorales [31] dont la formule-mère s'énonce ainsi :

$$P = pC - A$$

où P = choix électoral
C = l'utilité de l'électeur
p = probabilité d'occurrence de C
A = coûts associés au fait de voter.

Mais cette équation n'est significative que dans la mesure où les observateurs présupposent comme allant de soi la maîtrise par les citoyens des notions du vote, du rôle d'électeur et de la concurrence partisane. A ceci s'ajoute une objection reconnue incidemment par des auteurs entichés d'utilitarisme. Si un tel modèle de participation électorale s'en tient à des considérants strictement utilitaires, comme ceux des bénéfices attendus de la victoire d'un parti, son pouvoir prédictif reste réduit. Le modèle expliquerait une faible proportion de la participation électorale. Par suite du grand nombre d'électeurs, le poids ou l'utilité d'un vote est considéré comme peu capable d'influencer le résultat d'une consultation. Néanmoins les faits s'imposent : les gens votent. Pourquoi ? Tout simplement des citoyens se rendent aux urnes par devoir électoral :

---

30. J. Harsanyi, *op. cit.*
31. Cf. P. Ordesook et W. Riker, *An Introduction to Positive Political Theory*, Englewood Cliffs, Prentice Hall, 1973.

« L'idéologie de l'obligation morale de voter peut être inscrite dans les institutions ou elle peut correspondre à une volonté de soutien à l'ordre social (...). Nous apprenons que voter est un attribut du bon citoyen et à lui seul ce désir peut inciter les gens à ne pas s'abstenir bien que l'efficacité de leur acte puisse être très faible » [32].

En conséquence, une sociologie cognitive exige de l'observateur qu'il respecte un impératif : l'examen des significations construites par les acteurs sociaux. L'utilitarisme ou le sociologisme rustiques commettent volontiers le « péché de l'omniscience » dont parle avec bon sens J. Douglas [33]. Les utilitaristes pressés interprètent des conduites sans plus ample examen en des termes spontanés de coûts et de bénéfices tandis que le sociologisme plaque sur les actes des interprétations collectives sans égards pour les définitions subjectives forgées par les individus. Dans la banlieue de Chicago, des bandes d'adolescents, étudiées par A.K. Cohen, dans un ouvrage connu, *Delinquent Boys*, se livrent à des actes de vandalisme. L'auteur qualifie ces actes de non utilitaires : des garçons et des filles volent à qui mieux mieux mais, en même temps, la valeur des butins ne leur importe guère ; ils oublient ici et là les objets dérobés ; voire même, ils les détruisent ou les donnent. Si ces vols ne sont pas utilitaires au sens où l'entend A. Cohen, c'est-à-dire susceptibles de réaliser un gain monétaire du point de vue des délinquants, rétorque J. Douglas, ces pratiques peuvent être perçues comme utilitaires :

« Les délinquants considèrent peut-être la destruction des choses volées comme très utile. Peut-être veulent-ils traduire une revanche vis-à-vis des gens riches ou prévenir par avance les recherches policières » [34].

Tenir compte des significations données par les acteurs devient ainsi une condition nécessaire à l'étude de l'action sociale sans être pour autant suffisante. Les acteurs peuvent ne pas être conscients de ces significations ; parfois, en face

32. *Id.*, Introduction. Pour une critique d'ensemble, cf. P.E. Meehl, « The Selfish Voter Paradox and the Thrown Away Vote Argument », *American Political* Science Review, 1977, *71*, 1, pp. 11-30.

33. J. Douglas, *op. cit.*
34. J. Douglas, *op. cit.*, p. 38.

d'un sociologue, ils les dissimulent ou les travestissent ; la plupart du temps les individus ignorent ce que les significations représentent dans l'ensemble d'un système d'action ; enfin, les acteurs possèdent souvent des représentations limitées, grossières, sinon fausses, du système d'action auquel ils participent. Par suite, le labeur de l'observateur-sociologue consiste dans une confrontation entre le décodage des significations vécues et l'interprétation des phénomènes selon les catégories conceptuelles extérieures aux sujets étudiés.

De plus, l'homo sociologicus cognitif se présente sous l'aspect d'un *acteur pragmatique*. Agissant, l'individu l'est ; inutile d'y revenir. En même temps, l'acteur social transforme et tente de neutraliser avec plus ou moins de succès, les contraintes collectives selon les situations. Plus précisément, l'acteur social gère, devrait-on dire, les rôles attendus de lui plutôt qu'il ne les remplit passivement. Si la notion de rôle évoque, en effet, des processus de conformisation aux attentes, dans la pratique les individus œuvrent dans des contextes où surviennent de temps à autre des alternatives d'action. Cette faculté d'agir naît principalement des tensions qui entourent les prises de rôles [35]. Remplir des rôles nécessite de répartir des ressources précieuses comme le sont dans la vie quotidienne le temps ou l'énergie. En outre, l'individu joue des rôles multiples qui sont parfois contradictoires : le père de famille exemplaire entretient une liaison clandestine. De même, certains rôles sont associés à plusieurs attitudes ou conduites caractéristiques entre lesquelles l'individu peut être obligé de faire un choix : un ouvrier, considéré par son contremaître, se doit de respecter des cadences infernales tout en fabriquant des produits de qualité. D'un mot, l'acteur social affronte sans cesse des dilemmes au cours de ses prises de rôles.

L'existence même de dilemmes pousse, incite l'individu à *gérer les prises de rôles*. Pour ce faire, l'acteur social invente avec des fortunes variables des tactiques et des stratégies qui lui permettent d'éviter ou de réduire l'emprise des rôles

---

35. W.J. Goode, « A Theory of Role Strain », *American Sociological Review*, 1960, 25, 1, pp. 483-496.

attendus. Très souvent ego manipule la structure des rôles afin de les adapter à sa convenance. L'acteur compartimente ses rôles : le jeune cadre supérieur, guindé dans sa vie diurne, se transforme en personnage bohême à la tombée de la nuit ; les individus délèguent des rôles : l'épouse engage une aide-familiale. Avec non moins de fréquence, les acteurs négocient les termes des conduites de rôles : un rôle d'importance incite ego à le remplir avec application mais, en retour, il attend d'autrui des comportements exemplaires ; en revanche, si le rôle attendu de lui semble secondaire, ego ne se soucie guère de ses performances quitte à encourir les réactions d'alter sous la forme de récompenses ou de sanctions l'incitant à se conduire comme prévu. Dans d'autres contextes, ego assume à la perfection des conduites de rôles afin d'établir un consensus de fait avec autrui sans pour autant les avoir intériorisées. L'acteur social, comme au théâtre, joue ici et là son rôle avec distance : il offre une façade qui dissimule le peu d'implication, voire d'hostilité au rôle tenu [36].

Bref, *l'homo sociologicus cognitif perçoit dans tout acteur social une dimension de stratège dont l'art est de prévoir les attitudes et les conduites des objets du système d'action afin d'agencer ou de répartir des ressources :*

> « Quand un individu est placé en présence des autres, il cherche à identifier les données fondamentales de la situation ; s'il possèdait cette information, il pourrait savoir ce qui va se passer et en tenir compte, et il pourrait ainsi donner aux autres ce qu'il leur doit dans la limite de ses intérêts personnels bien compris... Faute de cette information, l'acteur a tendance à utiliser des substituts — répliques, risques, allusions, gestes expressifs, symboles de statut, etc. — comme moyens de prévision » [37].

---

36. Cette « distance au rôle » est décrite avec brio dans les œuvres d'E. Goffman, *La mise en scène de la vie quotidienne*, tomes 1 et 2, Paris, Editions de Minuit, 1973.

37. E. Goffman, *op. cit.*, tome 1, pp. 285-286.

LES RATIONALITÉS PRATIQUES DE L'ACTEUR SOCIAL

Cette qualité de stratège dont le commentaire d'E. Goffman montre qu'elle revêt des visages très ordinaires, soulève le problème de la rationalité de l'acteur social. Les débats qui entourent la question de la rationalité [38] s'éclaircissent néanmoins grâce à une distinction simple, quitte à faire usage d'un langage ésotérique entre la « rationalité de substance » et la « rationalité génétique » [39]. La rationalité de substance domine les travaux d'économie qui dessinent un tableau particulier de l'acteur social susceptible d'une formulation mathématique raffinée :

(i) les acteurs ont une connaissance de toutes les alternatives d'action qui s'offrent à eux ;

(ii) ils n'ignorent rien de toutes les conséquences de chaque terme des alternatives — ou, du moins, ils disposent d'une connaissance de la distribution probable des conséquences ;

(iii) de même, les individus connaissent la valeur de chacune des conséquences ;

(iiii) enfin, les acteurs maîtrisent une règle de décision leur permettant de choisir parmi les alternatives celle de la maximisation de l'utilité.

Ce portrait de l'acteur soumis à une rationalité technico-économique permet de construire des modèles de comportements dont témoigne le degré d'avancement de la théorie économique. Mais, quoi qu'il en soit de cette fonction heuristique importante, dans les faits, les examens concrets des décisions prises par des individus ou par des organisations attestent qu'à l'état pratique, la rationalité technico-

---

38. Cf. par exemple, les recensions et les commentaires de M. Crozier et E. Friedberg, *L'acteur et le système*, Paris, Le Seuil, 1977, de L. Sfez, *Critique de la décision*, Paris, Presses de la Fondation Nationale des Sciences Politiques, 1976.

39. H.A. Simon, « Rationality as a Process and as a Product of Thought », *American Economic Review*, 1978, *8*, 2, pp. 1-16 ; (id) « On how to decide what to do », *Bell Journal of Economics*, 1978, *9*, 2, pp. 494-507.

économique ne se manifeste guère. La rationalité mise à jour par les études apparaît plutôt sous l'aspect d'une « rationalité limitée », rappelle H. Simon [40]. Rationalité limitée ? A plus d'un titre :

(i) par suite des limites inhérentes aux facultés cognitives de l'être humain ou de la complexité des situations, les acteurs sociaux ne peuvent envisager toutes les alternatives d'action ;

(ii) ils préfèrent en général n'examiner que les solutions proches de la situation initiale ou choisir des solutions routinières déjà expérimentées ;

(iii) les possibilités d'actions et leurs conséquences ne sont découvertes que de façon séquentielle et par tâtonnements ;

(iiii) très souvent les préférences et les objectifs ne sont pas stables mais évoluent dans le jeu de l'action ;

(iiiii) une fois les décisions prises, les acteurs s'efforcent d'éliminer les difficultés plutôt que d'atteindre des objectifs précis ;

(iiiiii) l'étude de l'éventail des conséquences des actions possibles s'avère souvent incomplète.

Ce point de vue critique vis-à-vis de la rationalité technico-économique laisse poindre une autre conception de la rationalité dite génétique correspondant à *l'étude des processus par l'intermédiaire desquels les acteurs sociaux agissent*. Dans les termes de la psychologie du début du siècle, la rationalité génétique correspondait à l'exercice de procédures de raisonnements génératrices de décisions que l'on opposait alors à la catégorie des réactions impulsives ou émotives.

Selon cette perspective d'étude, privilégiée par une sociologie d'orientation cognitive, *les acteurs sociaux suivent sans cesse des rationalités* [41]. Les individus établissent des catégories afin d'ordonner les situations dans lesquelles ils se trouvent : l'usage de stéréotypes permet d'identifier des

---

40. Cf. J. March et H. Simon, *Les organisations*, Paris, Dunod, 1965.

41. Cf. l'article de référence de H. Garfinkel, « The Rational Properties of Scientific and Common Sense Activities », *Behavioral Science*, 1960, 5, 1, pp. 72-83.

objets inconnus ou menaçants ; la présence de normes, de règles ou de valeurs resserre la gamme des options et le choix des conduites ; les acteurs sociaux comparent, anticipent, sans pour autant suivre les canons rigoureux de la rationalité technico-économique. Sans affectation l'étude cognitive de la rationalité d'un acteur social équivaut à reconstruire les modes de pensée qui sous-tendent les modalités de ses actions et les rendent significatives.

C'est cette perspective d'analyse qui guide notre examen des prises de décision dans la politique sidérurgique [42]. La rationalité technico-économique — dont l'opération essentielle consiste en un calcul par lequel, grâce à des itérations, l'acteur évalue par approximations successives les alternatives qui maximisent ses utilités — est un corps étranger à la politique sidérurgique poursuivie depuis 1945 ; elle la rend difficilement intelligible et, de plus, elle travestit les conduites réelles des participants. Ces propos sont, certes surprenants, car la complexité et l'ampleur des grandes décisions de l'industrie sidérurgique appellent des conduites soumises à la rationalité technico-économique. Entre autres facteurs, le coût élevé des installations, la rentabilité, l'évolution des technologies qui peut rendre un choix périmé entre la date d'engagement et l'époque de réalisation d'un projet, le caractère cyclique de l'industrie et des retournements de conjoncture placent les décideurs dans des situations d'incertitude nécessitant des calculs. Dans le cas présent, la stratégie globale des responsables de l'Etat et de l'industrie sidérurgique mise à jour par l'observation contrôlée ne suit pas les principes de la rationalité technico-économique.

Les actions entreprises appartiennent plutôt à la classe des « décisions cybernétiques ». Brièvement, les conduites de l'acteur cybernétique différent du calculateur omniscient de l'homo oeconomicus. L'acteur cybernétique s'efforce tout simplement d'ignorer la complexité d'un problème de décision. Ou, avec plus d'exactitude, l'acteur limite le contrôle d'un problème de décision à quelques variables

42. J. Padioleau, *Quand la France s'enferre*, Paris, P.U.F., 1981.

saillantes ; cette position donne à l'acteur cybernétique sinon l'impression du certain tout du moins des sentiments de confiance et de stabilité dans les choix. Ces dispositions se traduisent dans des *conduites standards*, véritables réflexes ou routines, fondées et informées par des croyances que sédimentent en général des antécédents et des expériences. Lors des grandes opérations du secteur sidérurgique, comme la construction d'une aciérie à Fos-sur-Mer, l'appel sans mesure au crédit n'est pas à proprement parler un calcul — au sens des économistes orthodoxes — mais une réaction à des déséquilibres de variables qui retiennent l'attention des décideurs. Des clignotants (le hit-parade de la production avec l'Allemagne, l'obsession d'une croissance économique forte, etc.) renforcés par des croyances comme celles en l'acier, attribut de la puissance nationale, déclenchent des réactions. Par exemple, la surenchère dans les projets d'investissement devient une pratique normale, attendue serait mieux dire, sans que les acteurs considèrent l'éventail des alternatives cher aux économistes. Ces procédés de réaction n'impliquent pas que les responsables ou les programmes de la politique sidérurgique versent dans l'irrationnel ou dans le déraisonnable. Bien au contraire. Dans le cadre de pensée des industriels et des hauts fonctionnaires, le recours à l'investissement s'impose comme un impératif dicté par l'ambition d'une France, puissance mondiale de l'acier.

L'enquête sur les rationalités quotidiennes, familières aux acteurs sociaux, n'exclut pas toutefois la mise à jour de catégories plus générales de rationalités caractéristiques des collectivités dans lesquelles elles se rencontrent. Ainsi, dans des contributions célèbres, M. Weber distingue quatre modes d'orientation-type de l'action sociale qui prédominent ou cœxistent dans une collectivité. (i) *Le calcul* est le *modus operandi* d'une rationalité formelle : l'acteur social s'efforce d'établir des relations optimales entre les fins poursuivies et les moyens disponibles ; (ii) l'*adhésion* à des croyances religieuses ou idéologiques fondamentales influencent aussi les conduites ; (iii) l'*affectivité* s'avère être un autre mode d'orientation de l'action tandis que (iiii) la *tradition* régularise dans certaines circonstances les conduites [43].

L'Etat-moderne privilégie la rationalité formelle quand il crée des bureaucraties dont les modes d'organisation s'efforcent de remplir les buts attendus par des règles délimitant le statut et le rôle des fonctionnaires afin qu'ils se cantonnent dans l'exécution des ordres du pouvoir politique. Quand l'Etat-moderne revendique une légitimité où régneraient les formes et les procédures légales, l'ordre politique traditionnel s'inspire d'une rationalité autre. Dans les monarchies héréditaires des siècles passés, le pouvoir est obéi du seul fait qu'il a toujours été obéi tandis que les traditions valent par elles-mêmes. La croyance parmi les fidèles en la vertu d'un leader exceptionnel investi d'une mission favorise la naissance d'un pouvoir charismatique. Dans ces circonstances la rationalité bureaucratique formelle s'estompe, le pouvoir charismatique échappe aux règles : les fidèles agissent sous l'emprise du dévouement au chef ou par loyauté envers des croyances.

A l'évidence, ces perspectives d'étude de la rationalité ne s'excluent pas. La rationalité technico-économique constitue l'un des modes éventuels de prise de décision, mais l'observateur doit se garder de voir partout sa présence. En conséquence, l'obligation d'examiner les procédures de raisonnement ou les significations perçues par les acteurs sociaux s'avère un garde-fou pour éviter cette erreur répandue dans certains travaux utilitaristes. Avec plus de précision, cette prudence dévoile des phénomènes si évidents et omniprésents qu'à l'ordinaire, l'analyste les ignore — bien que David Hume nous mît en garde : « Les vues qui nous sont les plus familières sont susceptibles, pour cette raison même, de nous échapper » [44].

A ce propos, arrêtons-nous un instant. Les décideurs, c'est-à-dire vous et moi, ne dressent pas en toutes circonstances un tableau des alternatives d'action ; plus simplement les individus ou les groupes s'interrogent : dans

43. Max Weber, *Economie et Société*, Paris, Plon, 1971.

44. D. Hume, *Philosophical Works*, 1895, ed. Green and Grose, 4 vol., tome IV, p. 199.

quelle situation sommes-nous ? Parfois, les acteurs sociaux ordonnent des préférences ; bien souvent, nous nous contentons de dire : qui suis-je, qui sommes-nous ? Dès lors, dans ces conditions ego et alter se demandent : eu égard à la situation, quelles sont les conduites attendues ? — tandis que l'homo de la rationalité technico-économique compare les alternatives et les préférences afin de choisir l'option qui semble la plus bénéfique. On l'aura compris : pour vous et moi, dans maintes situations, l'expérience de la règle de décision qui fonde la rationalité technico-économique (choisir l'option qui « optimise » les bénéfices) nous est étrangère ; égo et alter se sentent obligés de suivre des règles constitutives de leur identité sociale [45].

Voici, des hauts fonctionnaires qui traitent de dossiers épineux — la sidérurgie, les centrales nucléaires. L'observateur qui par chance les regarde dans leur besogne quotidienne met en lumière, sans outrance, des attitudes de conformisme et de formalisme [46]. Les uns et les autres appliquent à la lettre les conventions signées entre l'Etat et les industriels bien que des contingences — comme celle de l'évolution des marchés — invitent à ne pas se montrer par trop sourcilleux. Qu'importe ! Si, à tort ou à raison, les techno-bureaucrates s'entichent du sens de l'Etat, les serviteurs de celui-ci se doivent d'appliquer la règle de Droit. Par suite, dans une perspective d'étude cognitive, l'enquête *des* rationalités concrètes des acteurs sociaux s'aventure dans des domaines qui ne se satisfont guère de réponses tracées au cordeau comme les croyances, les symboles, les rituels, les identités.

Ouvrages et articles de références

H. Blumer, *Symbolic Interaction : Perspective and Method*, Englewood Cliffs, N.J., Prentice Hall, 1969.

H. Garfinkel, *Studies in Ethnomethodology*, Englewood Cliffs, N.J., Prentice Hall, 1967.

---

45. Cf. sur ce point les remarques de Pierre Huard, « Rationalité et identité », *Revue économique*, 1980, 3, pp. 540-572. J. March, « Theory of Choice and Making Decisions », *Society*, 1982, 20, 1, pp. 27-39.

46. Cf. notre analyse dans *Quand la France s'enferre*, *op. cit.*

E. GOFFMAN, « The Interaction Order », *American Sociological Review* 1983, *48*, 1, pp. 1-17.

A.R. HOCHSCHILD, « Emotion Work, Feeling Rules and Social Structure », *American Journal of Sociology*, 1979, *85*, 3, pp. 551-575.

G.H. MEAD, *The Philosophy of the Act*, Chicago, University of Chicago Press, 1938.

P. Mc. HUGH, *Defining the Situations*, New York, Bobbs-Merrill, 1968.

C. MCPHAIL, C. REXROAT, « Mead vs. Blumer : The Divergent Methodological Perspectives of Social Behaviorism and Symbolic Interactionism », *American Sociological Review*, 1979, *44*, 3, pp. 449-467.

J.M. OURY, *Théorie de la vigilance*, Paris, Calmann Lévy, 1983.

D. SCHIFFRIN, « Opening Encounters », *American Sociological Review*,, 1977, *42*, 5, pp. 679-691.

M.B. SCOTT, S.M. LYMAN, « Accounts », *American Sociological Review*, 1968, *33*, 1, pp. 46-62.

R. STOKES, J.P. HEWITT, « Aligning Actions », *American Sociological Review*, 1976, *41*, 5, pp. 838-849.

CHAPITRE III

L'INTERDÉPENDANCE COLLECTIVE

Dans un contexte d'interdépendance collective * les actes des partenaires d'un système d'action dépendent en tout ou en partie d'attitudes et de conduites réciproques. Plus profondément, les entreprises des uns et des autres affectent le bien-être des protagonistes, c'est-à-dire qu'elles s'accompagnent de coûts et de bénéfices. Par suite, si les performances d'un acteur A nécessitent le concours d'un individu B ou si elles entraînent des conséquences pour ce dernier, les parties tentent de prévoir ou de tenir compte des actes et des réactions respectifs. Des jeux, tels que les échecs illustrent des situations caractéristiques d'interdépendance collective. Une partie nécessite des conduites réciproques ; il n'y a jeu que si les partenaires respectent des règles qui créent, organisent et maintiennent l'interdépendance des joueurs. Sans accepter les règles du jeu, les participants ne peuvent entamer la partie d'échecs, c'est-à-dire donner existence à une œuvre collective.

Remarquons-le d'entrée, *l'interdépendance collective nécessite l'allocation de ressources entre les partenaires.* Réparties le plus souvent inégalement, ces ressources ne vont pas toujours jusqu'à faire totalement défaut à l'un des acteurs. Deux concurrents s'affrontent : le joueur d'échecs A fait figure de champion tandis que B son compagnon de divertissement est un équipier novice. L'expérience de A lui

* Pour des raisons de style nous ferons usage parfois des termes « interdépendance » « dépendance réciproque » ou « dépendance ».

permet de dominer l'acteur B ; le cas échéant, le joueur A ira jusqu'à contraindre son partenaire B à déplacer tel ou tel pion. Cependant, il va sans dire, quelle que soit la répartition inégalitaire des ressources, en l'occurrence celles de compétence, que l'acteur B exerce de l'influence sur le champion puisque pour jouer l'individu A doit anticiper et parer les « coups ». de son adversaire.

Dans l'exemple du jeu d'échecs, la dépendance réciproque se distingue par le caractère explicite des rapports entre les acteurs. Si, comme nous le verrons au cours de ce chapitre, l'interdépendance collective entraîne l'apparition de phénomènes formels et visibles d'ordre, la dépendance des acteurs sociaux revêt souvent des aspects flous bien que leur influence puisse être intense. Ainsi, la production artistique où assurément la création solitaire prime n'échappe pas à l'emprise de la dépendance. Les typographes refusaient d'imprimer les premières œuvres du poète américain E.E. Cummings par suite des formats d'impression inédits souhaités par l'écrivain ; les sculptures dont les dimensions excluent qu'elles puissent figurer dans les musées risquent de demeurer dans l'atelier de l'artiste [1].

PROPRIÉTÉS ÉLÉMENTAIRES DE L'INTERDÉPENDANCE COLLECTIVE

La dépendance et partant la posture stratégique réfléchie des acteurs sociaux nécessitent de faire valoir quelques traits particuliers de l'interdépendance collective. *Une situation d'interdépendance tend à devenir autonome par rapport aux projets individuels des acteurs* et, à ce titre, les phénomènes de dépendance réciproque méritent un examen pour eux-mêmes. Revenons à la partie d'échecs évoquée dans l'introduction. Au cours de la rencontre entre le novice et le champion la partie d'échecs n'exclut pas le phénomène suivant : la modification du rapport entre les ressources des joueurs. La fatigue atteint le champion tandis que l'amateur

1. Cf. H.S. Becker, « Art as Collective Action », *American Sociological Review*, 1974, *39*, 6, pp. 767-776.

montre des aptitudes à bien jouer ; la domination du joueur expérimenté baisse et les chances de victoire du challenger s'élèvent. Qui plus est, la chute des écarts de compétence entre les joueurs bouleverse le déroulement du jeu, lequel devient autonome par rapport aux projets individuels et originels des partenaires.

> « Dans ce nouveau contexte, remarque N. Elias, le contrôle des partenaires sur la configuration du jeu se réduit puisque celle-ci devient moins dépendante des intentions individuelles de départ de chacun des joueurs. A l'inverse, la dépendance des tactiques et des stratégies des partenaires vis-à-vis de la configuration du jeu s'accroît. La qualité du jeu change : il cesse d'être une simple mise en œuvre de plans individuels pour créer un processus social. Autrement dit les *actions réciproques créent un processus qu'aucun des partenaires n'a anticipé* » [2].

L'autonomie de la configuration dans les contextes d'interdépendance provient pour une bonne part de la *nature dynamique des relations* qui s'instaurent entre les acteurs. L'une des erreurs les plus communes à l'analyse économique ou sociologique consiste à regarder les dispositions, les ressources ou les préférences des acteurs comme des éléments stables. Or, la simple présence d'actions et de réactions entre les partenaires rend cette hypothèse, dans laquelle se débat la théorie des jeux, coûteuse et irréaliste quand elle ne défigure pas la réalité. Le jeu d'échecs, rapporté ci-dessus, se transforme à la suite de phénomènes d'apprentissage du côté du novice et des effets de saturation qui atteignent le champion : la fatigue qui le surprend modifie l'évolution de la partie. A la suite de ces phénomènes, l'incertitude s'infiltre, elle perturbe les rapports entre les joueurs, lesquels en retour imaginent de nouveaux « coups ». C'est pourquoi l'analyse de l'interdépendance collective placera au premier rang de ses thèmes d'enquête les effets d'apprentissage et de rétroaction qui se manifestent au cours des stratégies tracées.

Dans notre cas, la complexité du jeu grandit sous l'influence d'une nouvelle répartition des ressources entre les

2. N. Elias, *What is Sociology* ? New York, Columbia University Press, 1978, p. 85, souligné par Elias.

amateurs d'échecs. Cependant la complexité — et l'incertitude qu'elle crée — découle souvent d'une donnée banale, bien qu'essentielle, de l'interdépendance collective : les *effectifs* des acteurs qui y sont engagés d'une manière directe ou indirecte. Jusqu'alors notre figure de référence a été principalement celle du couple ego-alter. En réalité, le simple passage de la situation d'une paire d'acteurs au groupe de trois personnes se traduit déjà par une transformation qualitative de l'interdépendance. Les acteurs du couple ego-alter n'ignorent pas qu'ils sont les piliers des rapports entretenus : si l'une des personnes se retire, l'interaction disparaît ; ils partagent la responsabilité des actions communes ; de même, ego et alter ressentent directement les gains et les inconvénients des performances réciproques. En revanche, dans le contexte du trio, l'un des partenaires peut s'éclipser sans qu'il résulte de cette défection la fin des rapports entre les acteurs qui demeurent en interaction ; plus, la figure du groupe de trois personnes favorise les chances de coalition entre les partenaires. Plus les effectifs d'acteurs augmentent plus la configuration des phénomènes de dépendance devient complexe. Livrons-nous avec N. Elias à un exercice heuristique : A et B, deux acteurs quelconques, établissent un rapport AB — et un seul ; introduisons à présent dans le jeu l'individu C : quatre relations deviennent envisageables (AB ; AC ; BC ; ABC) ; dans un quatuor les liens possibles entre les membres atteint le chiffre onze tandis qu'un groupe de dix personnes permet de concevoir l'établissement de 1013 relations [3].

L'arbitraire du dernier exemple est frappant. La notion d'action sociale rejette l'idée d'une permutation imaginaire et totale entre chacun des membres d'une collectivité. En d'autres termes, toutes les permutations ne sont pas équiprobables. D'une part, les compétences d'action dans lesquelles s'insèrent les savoirs collectifs délimitent les états possibles et probables des acteurs ou des objets d'un système ; d'autre part, les perceptions des coûts ou des bénéfices attachées aux comportements envisageables influencent les lignes de conduite des acteurs. En conséquence,

3. *Id.*, p. 107.

la question qui retiendra l'attention dans ce chapitre peut s'énoncer de cette manière : *selon quelles procédures les membres d'une situation d'interdépendance collective* — et singulièrement lorsque les individus ou les groupes sont en grand nombre — *réussissent-ils à coordonner les stratégies d'action* ?

LES TYPES IDÉAUX D'INTERDÉPENDANCE COLLECTIVE : LE MÉCANISME DU MARCHÉ ET LA PROCÉDURE DE L'ACTION COLLECTIVE

La figure du marché correspond à la situation où dans une collectivité

(i) des acteurs soumis à des préférences
(ii) engagent des relations d'échange,
(iii) perçues comme favorables à leur bien-être individuel,
(iiii) sans qu'ils s'enquièrent pour la collectivité des résultats d'ensemble produits par ces activités.

Dans le cas du marché économique, des producteurs et des consommateurs coordonnent des activités de telle manière qu'ils puissent céder des biens ou des services, évalués en termes de prix, moyennant contrepartie. Les agents économiques décident individuellement des marchandises qu'ils désirent vendre ou acquérir ; ils sélectionnent les partenaires ou les modalités temporelles des transactions. En fait, nombre des activités quotidiennes relèvent souvent d'une coordination déterminée par le mécanisme du marché. La recherche d'un conjoint ou la quête de partenaires sexuels correspondent à des processus d'échange au cours desquels les individus ajustent des « coûts » et des « bénéfices » [4].

Quand, dans une collectivité, le mécanisme du marché domine, l'*ordre* qui en résulte peut être dit « *spontané* » ou, pour reprendre l'expression populaire de K. Polanyi, « polycentrique » [5]. La coordination des rapports entre les

4. Cf. chapitre IV.
5. M. Polanyi, *The Logic of Liberty*, Londres, 1951.

acteurs sociaux résulte des ajustements mutuels d'une multitude d'agents guidés par le souci d'établir des transactions bénéficiaires. Si la coordination par le marché évoque l'intervention d'une main invisible — pris individuellement, les acteurs sociaux n'envisagent ni ne contrôlent le résultat d'ensemble des activités —, l'action collective se distingue bien par l'omniprésence d'une *main visible*. L'ordre dans l'action collective procède d'un « artefact » des rapports formels codifiant les rôles attendus, la possession ou l'allocation de ressources et les procédures de décision l'organisent. Ces phénomènes d'*ordre formalisé* apparaissent parce que :

(i) des individus et des groupes, volontaires ou contraints, mettent des ressources en commun quitte à restreindre leur liberté de décision individuelle,
(ii) en vue d'atteindre des résultats bénéficiaires pour la collectivité.

L'ordre « fabriqué » de l'action collective, par contraste avec « l'ordre spontané » du mécanisme du marché, se présente sous des aspects divers. L'action collective constitue le principe institutionnel des clubs, des associations, des mouvements politiques et syndicaux ou de l'action politico-administrative : des individus ou des groupes coordonnent intentionnellement ressources et activités pour atteindre des objectifs communs. A cet effet, des corpus de droits et d'obligations, éventuellement sanctionnés par la force légitime, délimitent des positions de commandement ; ils précisent les répartitions des tâches, des coûts et des bénéfices espérés. Pareillement, l'action collective fonde l'institution de l'entreprise privée ou publique ; les acteurs membres d'une firme apportent de gré ou de force des ressources ; ils respectent avec plus ou moins d'assentiment des règles d'organisation.

Dans les faits, les types idéaux d'interdépendance collective s'entremêlent ou bien coexistent. La procédure du marché, et singulièrement le marché économique, nécessite pour son bon fonctionnement l'exercice d'un « ordre fabriqué ». A bien y voir, les agents économiques présents sur un marché ne possèdent pas de ressources, ils sont titulaires de « droits » qui leur permettent d'échanger des biens. L'existence de ces droits de « propriété », comme disent fort à propos les économistes, ne serait-ce que pour en assurer la garantie, nécessite un appareil formel d'organisation : la puissance publique. « La force de l'étiquette, de la coutume, de l'ostracisme ou la violence légitime de l'Etat gagent les droits de propriété » souligne un économiste spécialiste [6]. Les membres d'une collectivité reconnaissent aux titulaires de droits de propriété la prérogative de se conduire d'une certaine manière ; les propriétaires s'attendent à ce que la collectivité dissuade alter d'interférer avec les actions entreprises dans le cadre des droits de propriété dont ils jouissent. A l'inverse, sur les marchés les agents économiques comme les firmes recourent à des procédures internes de coordination régie par l'action collective.

Dans certaines organisations, des mécanismes internes de coordination appliquent la procédure du marché : des facultés dans certaines universités d'outre-Atlantique offrent à leurs étudiants de maîtrise la liberté de choisir leurs cours. Des économistes ou des politologues envisagent parfois de faire appel aux mécanismes du marché dans les services publics qui jusqu'alors y étaient étrangers. La procédure des « bons d'achat » (*voucher*) créerait un marché de services publics en matière d'éducation par exemple. Dans ce système de bons d'achat, les ayants droit, c'est-à-dire les parents, percevraient des chèques-éducation qui prennent en charge les frais de scolarité ; le titulaire de bons d'achat choisirait son fournisseur sur le marché de l'éducation alors placée dans un cadre de concurrence.

Au cours du temps, les rôles tenus par le mécanisme du marché et par la procédure de l'action collective ont évolué. A.D. Chandler perçoit dans l'essor du capitalisme américain le jeu du déclin des mécanismes de la main invisible du marché et celui de l'influence de la firme moderne imprégnée par l'action collective [7]. Les entreprises traditionnelles qui,

6. A.A. Alchian, « Some Economics of Property Right », *Il Politico*, 1965, pp. 816-829.

7. A.D. Chandler, *The Visible Hand*, Cambridge, Harvard University Press, 1976.

en Amérique, fleurissaient jusqu'au début de ce siècle étaient en général de petite taille ; des individus propriétaires et leurs collatéraux les dirigeaient ; un produit ou un service dominait les activités. En revanche, la firme moderne regroupe dans un même ensemble des unités opérationnelles distinctes, prestataires de biens et de services jusqu'alors fournis par plusieurs entreprises. La firme moderne se substitue aux grossistes, voire même aux détaillants, pour commercialiser ses produits. Dans un contexte d'entreprises traditionnelles, les mécanismes du marché et des prix régularisent les échanges tandis que la firme moderne les remplace par des procédés de « coordination administrative ». Dans notre langage, ces nouvelles procédures de coordination interne à la firme moderne correspondent à des modes d'action collective.

La coexistence de l'entreprise traditionnelle et de la firme moderne laisse entrevoir un schéma d'interprétation, stimulant pour l'esprit, de l'envol du capitalisme américain.

(i) Les firmes modernes remplacent les entreprises traditionnelles lorsque la « coordination administrative » permet des gains de productivité ou des baisses de coûts supérieurs à ceux induits par les mécanismes du marché. Les grandes firmes naissent et se développent en « internalisant » par l'action collective des activités jusqu'alors dispersées sur le marché entre plusieurs agents économiques indépendants.

(ii) Ces phénomènes « d'internalisation » nécessitent la présence d'une hiérarchie de gestionnaires. Le grand nombre d'unités multiples caractéristiques d'une firme moderne demande des cadres compétents responsables des activités collectives de coordination et de contrôle. Ces gestionnaires sont pour la plupart des salariés car les héritiers ne suffisent pas en nombre ; ils ne possèdent pas de plus, en général, le talent requis pour assurer des fonctions techniques de contrôle comme la comptabilité et la gestion. Les gestionnaires apparaissent d'abord dans les zones du « middle management » pour devenir plus tard les « top managers » de la technostructure qui remplace les propriétaires. Ayant leur compétence pour seul bagage, ce nouveau groupe de salariés se professionnalise rapidement (écoles, associations) pour former bientôt une classe de managers.

(iii) Une fois en place, la hiérarchie managériale consolide l'autonomie de la firme et lutte pour lui assurer la survie. Le cycle de vie des entreprises traditionnelles dépend en effet souvent du destin de son patron. Avec la firme moderne l'entreprise devient indépendante d'un individu. Les managers ont intérêt à ce que l'entreprise survive — ce qui n'est pas nécessairement le cas d'un propriétaire qui peut être tenté d'investir ses ressources dans d'autres activités.

(iiii) Les firmes modernes deviennent des bureaucraties soumises aux critères de la performance et de l'expérience.

(iiiii) Dès lors ces tendances favorisent le divorce entre les actionnaires et la direction des entreprises.

(iiiiii) Par suite les gestionnaires préfèrent à des mesures maximisant les profits à court terme, des politiques axées sur la stabilité ou la croissance.

Si l'enquête historique valide dans l'ensemble ce synopsis, l'analyse de Chandler souligne l'importance pour l'étude du changement social des deux modalités de l'interdépendance collective. Tout spécialement les places respectives tenues par le marché ou par l'action collective permettent de mettre au jour des conséquences d'ensemble pour des milieux historiquement définis et de révéler certains traits d'une institution comme le capitalisme moderne américain.

LES MODES D'ORGANISATION DE L'ACTION COLLECTIVE : CONTRAT D'ÉCHANGE ET CONTRAT SOCIAL

Les phénomènes d'action collective affrontent des problèmes de fond. Les protagonistes d'actions collectives se trouvent confrontés à deux séries de problèmes. *Quels modes de décisions* doit-on mettre en œuvre pour choisir et appliquer ces stratégies ? Selon quelles *règles de distribution* répartir les coûts et les bénéfices entre les partenaires de l'action collective ? Les réponses à ces questions varient en fonction des modes de son organisation : le contrat d'échange ou le contrat social.

Les coûts et les bénéfices dans l'action collective. — L'action collective qui sous-tend une institution comme celle de l'entreprise est de l'ordre du *contrat d'échange*. Des acteurs sociaux cèdent des droits de propriété, comme ceux d'user de capitaux ou d'une force de travail, en échange de bénéfices dont les dispositions sont inscrites dans un contrat. Celui-ci donne aux récipiendaires des droits de faire usage de ressources dans les limites prévues par le contrat entre les parties. Des parties contractantes comme les dirigeants d'entreprises acquièrent le statut « d'agents coordinateurs » de l'action collective, laquelle de facto revêt un aspect *hiérarchique. Le contrat social* s'inspire d'une autre idée : l'action collective mérite ici le titre de démocratique. Les acteurs sociaux abandonnent les droits dont ils sont titulaires au profit du groupe. Le groupe lui-même — d'où le choix de l'expression « contrat social » — représente l'autorité légitime de coordination des partenaires de l'action collective. Dans le groupe — qui peut revêtir des formes concrètes innombrables (clubs, syndicats, partis politiques, Etat-Nation) — réside l'autorité décidant de l'emploi des ressources et de l'allocation des inconvénients et des gains de l'action collective.

Les acteurs sociaux perçoivent sans trop d'embarras les règles générales de distribution des coûts et des bénéfices de l'action collective qui s'inscrit dans une figure de contrat d'échange. Certes, la transparence du rapport entre les bénéfices et les coûts est moins nette que celle de la procédure du marché, laquelle souligne directement l'intérêt d'une transaction. Néanmoins, si l'actionnaire ne mesure qu'imparfaitement sa contribution aux résultats de l'entreprise, des indicateurs plus ou moins pertinents (dividendes, cours des actions en bourse) lui permettent d'estimer la rentabilité des investissements. En règle générale, des dispositions contractuelles, précises ou floues, fixent la répartition des coûts et des bénéfices de l'action collective régie selon le principe du contrat d'échange.

Le contrat d'échange associé à l'évaluation des résultats motive la participation des agents sociaux à l'action collective sous-jacente dans une institution comme l'entreprise privée. Dans cette optique du contrat d'échange, écrivent J. March et H. Simon,

« 1. Les firmes contemporaines constituent des systèmes de comportements sociaux interconnectés entre plusieurs personnes que nous appellerons les participants à l'organisation.
2. Chaque participant et chaque groupe de participants reçoivent *de la part de l'organisation des avantages*, en retour desquels ils fournissent à l'organisation certaines *contributions*.
3. Tout participant poursuivra sa participation à l'organisation dans la mesure seulement où les avantages offerts sont égaux ou supérieurs (les unités de mesure étant les *siennes* et conçues en fonction des possibilités de choix qui lui sont ouvertes) aux contributions qui sont exigées de lui.
4. Les contributions fournies par les différents groupes de participants sont la source à partir de laquelle l'organisation se procure les avantages offerts aux participants.
5. En conséquence, une organisation est « solvable » — et poursuivra son existence — aussi longtemps que les contributions suffiront à fournir des avantages en quantité suffisante pour provoquer ces contributions » [8].

Par contre, le mode d'organisation du contrat social soulève des problèmes plus aigus de répartition des coûts et des dividendes. Dans de nombreux exemples les acteurs sociaux établissent des liens pour le moins subtils entre les contributions et les éventuels résultats de l'action collective. Avec des humeurs variables, nous versons des impôts qui, répète-t-on aux contribuables, permettent d'accroître le bien-être de la collectivité nationale-étatique. Mais de toute évidence, les citoyens ne perçoivent pas ce lien avec la même intensité. Pareillement, les ouvriers d'une fabrique qui ont à débattre de l'opportunité d'une grève s'interrogent sur les gains et les coûts de cette stratégie collective de revendication.

Examinons l'action collective selon le mode du contrat social à l'aide d'un exemple. La fabrication d'une force nucléaire s'accompagne d'un relèvement du tribut fiscal. Dans le cas présent, l'action collective de l'Etat crée un bien public à la fois indivisible — tous les citoyens jouissent d'une défense nationale de qualité — et divisible — les industries d'armement reçoivent de nouveaux contrats. Les partenaires du « complexe militaro-industriel » (ouvriers, ingénieurs,

8. J. March, H. Simon, *Les organisations. Problèmes psycho-sociologiques*, Paris, Dunod, 1964, pp. 83-84.

actionnaires, militaires, etc.) selon toute vraisemblance se réjouissent des décisions de la puissance publique car les bénéfices qu'ils en retirent sous la forme par exemple du maintien de l'emploi sont supérieurs aux relèvements du barême fiscal. Puisque un bien collectif comme celui de la défense nationale est de ceux qui sont naturellement mis à la disposition de tous aussitôt qu'il existe, les citoyens ont toutes les chances de faire défection en grand nombre si l'Etat ne fait pas appel à la contrainte (le recouvrement obligatoire des impositions). En effet, tout individu éprouvant le sentiment de pouvoir bénéficier d'un bien sans avoir à participer aux exigences de l'action collective, puisqu'il suffit que des alter le fassent à sa place, risque de refuser sa contribution pourtant nécessaire au financement de la production du bien collectif. Ego se décharge volontiers sur autrui des coûts de l'action collective, dont il entend néanmoins s'assurer le bénéfice.

En conséquence, les individus ou les groupes seront d'autant plus favorables à des actions collectives volontaires qu'ils perçoivent un solde positif entre les coûts, des cotisations par exemple, et les bénéfices. Or, l'accomplissement d'objectifs collectifs nécessite, souligne avec force M. Olson [9], des groupes de dimension restreinte quand la contrainte n'oblige pas les acteurs sociaux à y participer. L'image du mur mitoyen est l'un des exemples qu'affectionnent les économistes pour décrire les agissements des acteurs sociaux. Quand un mur mitoyen convient à plusieurs propriétaires, il est vraisemblable que quelques-uns sinon tous s'entendent pour le construire ; mais il est probable qu'un seul ou plusieurs propriétaires aient des intérêts suffisants dans cette affaire pour prendre en charge les coûts requis par l'opération.

En revanche, dès qu'au sein d'une situation d'interdépendance les effectifs des acteurs concernés s'élèvent, les individus risquent de ne pas avoir une vision claire des conséquences de l'action collective. Selon toute vraisemblance ego peut s'imaginer qu'il est le seul à suivre une

9. M. Olson, *La logique de l'action collective*, Paris, PUF, 1980.

stratégie de défection ; néanmoins, il jouira des avantages de l'action collective sans avoir à en supporter les inconvénients. La fréquence d'une telle stratégie augmente quand le groupe comprend une multitude d'acteurs car l'accord entre les membres semble encore plus difficile à réaliser. La logique de l'action collective, pour reprendre le titre de l'ouvrage de M. Olson, permet d'anticiper les conduites probables des individus :

> « plus un groupe est important plus est faible la fraction de l'avantage total dont peut bénéficier un seul individu et moins donc celui-ci sera incité à agir pour les autres » ;
> « plus est réduite la probabilité qu'un intéressé obtiendra un avantage personnel suffisant pour supporter seul la charge du financement » ;
> « plus enfin, sont élevés les coûts d'organisation et de mise en œuvre de l'accord à passer entre les individus » [10].

Ce schéma permet d'interpréter des actions collectives de la puissance publique. Les promoteurs ou les futurs assujettis d'une intervention réglementaire (l'étiquetage des produits, les standards anti-pollution) se représentent les coûts perçus des actions de l'Etat comme « diffus » quand les conséquences négatives des mesures réglementaires sur leur bien-être sont faibles ; en général plus le nombre d'assujettis est grand plus la probabilité de coûts perçus comme diffus s'élève. En revanche, dans une situation de coûts concentrés, les futurs assujettis perçoivent une diminution de bien-être : ces conséquences atteignent la plupart du temps des groupes sociaux délimités [11].

Précisons, dans l'optique de M. Olson, les liens entre les coûts et les bénéfices attendus d'une intervention réglementaire de l'Etat. Tout d'abord, comme en témoignent des résultats de l'analyse expérimentale des préférences ou d'observations contrôlées, les individus ou les groupes sont plus sensibles à des baisses de gains à court terme qu'à des augmentations de bénéfices dans le moyen et le long terme. Autrement dit, les acteurs sociaux portent plus d'attention aux menaces conjoncturelles qu'aux dividendes futurs. Ainsi

10. A. Wolfelsperger, *Les biens collectifs*, Paris, PUF, 1969, pp. 58-59.
11. Cf. sur ce point J. Padioleau, *L'Etat au concret*, Paris, PUF, 1982.

les militants ou les sympathisants écologistes se mobilisent avec plus de célérité contre le défrichement d'un massif forestier que pour réclamer de nouveaux peuplements. Ensuite, l'impact des coûts et des bénéfices varie en fonction de leur degré de concentration vis-à-vis des acteurs sociaux intéressés par l'action réglementaire des pouvoirs publics. Plus le nombre des intéressés est restreint, plus il y a de chances qu'ils entreprennent des actions favorables ou défavorables à des politiques réglementaires — et inversement. Dès lors, la propension à susciter ou à freiner des politiques réglementaires est d'autant plus forte que les bénéfices ou les coûts sont alloués à des groupes sociaux plus homogènes et de taille plus réduite. Le C.N.P.F. a plus de chances d'être favorable à une politique de libre échange que la fédération professionnelle d'une industrie particulière dont les membres risquent d'être tous atteints par l'ouverture des frontières.

LES RÈGLES DE DÉCISION

Les actions collectives présupposent le consentement des partenaires sur des règles de décision. La coordination des acteurs sociaux par le mécanisme du marché s'en remet à l'accord direct des protagonistes d'une transaction. Dans une situation d'action collective de type hiérarchique, des « agents-coordinateurs » décident de l'emploi des ressources ou du résultat des activités communes. Certes les directions des firmes délèguent des pouvoirs aux subalternes mais sans que s'estompe le principe d'une coordination par des agents centralisateurs. Quand le groupe devient le dépositaire légitime de l'autorité coordinatrice, les participants cèdent des droits mais sous la réserve d'un contrôle des prises de décision. A proprement parler, les groupes — le problème s'impose avec force quand leur dimension est vaste — ne décident pas : des règles de décision nécessitent d'être mises au point afin de produire des choix reconnus comme étant ceux du groupe : des décisions collectives.

Nommons « constitution » l'ensemble des règles nécessaires à un groupe pour décider. Une constitution doit résoudre au moins deux problèmes [12]. En premier lieu, les décisions seront-elles prises à l'unanimité ou selon des conditions de majorité absolue ou relative ? Le principe de l'unanimité garantit aux acteurs sociaux qu'aucune des décisions ne sera prise sans leur consentement. L'unanimité est une pratique exigeante : le principe engendre des « coûts de décision » — par exemple disposer de temps libre — qui peuvent être prohibitifs. Faut-il s'en remettre à des modes de décision soumis au principe de majorité ? Si les options choisies risquent parfois de déplaire à quelques-uns des partenaires, en contrepartie, les procédures majoritaires facilitent le fonctionnement pratique des actions collectives. Par suite, les acteurs sociaux doivent soupeser les inconvénients et les avantages des procédures de décision [13].

De tels raisonnements, comptables si l'on peut dire, résolvent le problème des délégations d'autorité et de pouvoir accordées aux représentants du groupe. Les constitutions qui accordent une liberté d'action étendue aux représentants permettent aussi à ceux-ci de satisfaire parfois des intérêts qui leur sont propres. Des politiciens ou des bureaucrates, alors qu'ils tiennent leur légitimité de la « nation » ou du « peuple », entreprennent des actions pour se servir les premiers. Ce phénomène familier aux études d'organisations complexes est connu sous le vocable de « déplacements de buts ou d'objectifs ».
Il y a déplacement lorsque l'organisation substitue à des objectifs légitimes quelque autre but pour lequel aucune ressource n'a été attribuée ; parfois même les acteurs ignorent les nouveaux objectifs qu'elle promeut.

---

12. Cf. en particulier sur ce point, R.L. Bish, *The Public Economy of Metropolitan Areas*, Chicago, Markham, 1971 ; J.M. Buchanan et G. Tullock, *The Calculus of Consent*, Ann Arbor, University of Michigan Press, 1962 ; J.S. Coleman, *The Mathematics of Collective Action*, Chicago, University of Chicago, 1973 ; A. Wolfelsperger, *op. cit.*, chapitre IV.

13. Pour des exemples se rapporter à N. Frohlich, J.A. Oppenheimer, *Modern Political Economy*, Englewood Cliffs, Prentice Hall, 1978 ; R.L. Curry, L.L. Wade, *A Theory of Political Exchange*, Englewood Cliffs, Prentice Hall, 1968 ; G. Sartori, « Will Democracy Kill Democracy ? Decision Making by Majorities and by Committees », *Government and Opposition*, 1975, *10*, 2, pp. 131-158.

« La forme la plus bénigne et la plus habituelle de déplacement, remarque A. Etzioni, est le processus par lequel une organisation inverse l'ordre de priorité entre ses buts et ses moyens, de telle sorte qu'elle fait de ses moyens le but et de ses buts un moyen. Le moyen qui est ainsi le plus couramment déplacé c'est l'organisation elle-même. Les organisations sont en effet des instruments ; elles ont été créées pour servir un ou plusieurs buts spécifiques. Mais au cours du processus qui les crée, qui leur procure des ressources et qui recrute leur personnel, se constituent des groupes d'intérêt qui sont fréquemment plus motivés par la préservation et l'accroissement de l'organisation elle-même que soucieux de l'aider à réaliser son objectif initial. Les groupes d'intérêt utilisent alors les buts de l'organisation comme des moyens pour récolter des fonds, obtenir des exemptions d'impôts ou s'assurer un certain statut au sein de la communauté, bref comme des moyens au service de leurs propres "objectifs" » [14].

Au Canada, à mesure que l'Armée du Salut croît en effectifs et en ressources financières, les dirigeants accordent de plus en plus d'attention au fonctionnement de l'organisation. Bien que ce soit le but premier de l'Armée du Salut, les permanents délaissent l'œuvre d'évangélisation dans les régions perdues du « Grand Nord » de crainte que les coûts des missions n'entraînent une trop forte diminution des ressources nationales de l'organisation ! [15]. Ph. Selznick, qui s'appuie sur l'observation de bureaucraties d'Etat, généralise :

« La direction d'une organisation en tant qu'activité spécialisée et essentielle engendre des problèmes qui n'ont pas de relation nécessaire (et sont même souvent en opposition) avec le but déclaré ou « originaire » de l'organisation. Jour après jour, le comportement du groupe se centre sur des problèmes spécifiques et sur des buts secondaires, qui avaient à l'origine une pertinence intrinsèque. Comme ces activités en arrivent à absorber une proportion croisssante du temps et des pensées des membres de l'organisation, elles finissent par se substituer du point de vue des comportements effectifs aux buts déclarés » [16].

« La loi d'airain de l'oligarchie », formulée par R. Michels dans les *Partis politiques*, demeure sans doute le plus bel

14. A. Etzioni, *op. cit.*, p. 26.

15. S.J. Clark, *Church and Sect in Canada*, Toronto, University of Toronto Press, 1948.

16. Ph. Selznick, « An Approach to a Theory of Bureaucracy », *American Sociological Review*, 1943, *8*, 1, p. 49.

exemple, comme l'on dit d'un crime qu'il est beau, de déplacement des objectifs d'une organisation [17]. Avant 1914, les partis et les syndicats socialistes allemands souhaitaient l'avènement d'une révolution socialiste. Bientôt, selon R. Michels, les dirigeants consacrèrent leur énergie à demeurer à la tête des partis et des syndicats. Quitter des places de direction les contraindraient au retour en usine ; leur prestige s'amenuiserait et ils verraient disparaître leurs indemnités de fonction. Pour ce faire, les dirigeants socialistes gardaient les adhérents sous leur coupe et ils organisaient des élections à leur manière ; parfois les leaders se débarrassaient de leurs rivaux par des purges ou cooptaient les ambitieux dans les équipes de direction. C'est ainsi que les buts réels des partis révolutionnaires évoluent : le confort des postes d'autorité n'incite pas à l'aventure politique et, en particulier, les leaders se montrent soucieux de ne pas mettre en péril l'existence des organisations dont ils tiennent à améliorer au contraire le fonctionnement bureaucratique. Bien que ces organisations continuent de proclamer un attachement à des buts révolutionnaires, les modes de gestion révèlent en pratique des stratégies modérées d'action politique.

LES CHAUSSE-TRAPPES DE L'INTERDÉPENDANCE COLLECTIVE

D'ordinaire la mise au jour des phénomènes de déplacement de buts irrite. L'action collective, en particulier celle du contrat social, suscite des réactions. Des individus ou des groupes abandonnent, de bon gré ou sous l'effet de la contrainte, des droits et des ressources ; ils s'attendent à la réussite d'objectifs collectifs. Par ailleurs, l'analyse des « ratés » de la procédure de l'action collective, ce qui ne dispense pas d'étudier les déficiences des mécanismes du marché, mérite un examen particulier car elle éclaire en contrepoint la nature originale des phénomènes d'interdépendance. Les « ratés » de la dépendance réciproque corres-

17. R. Michels, *Les partis politiques*, Paris, Flammarion, 1974.

pondent à la figure générale suivante : les actions entreprises par des individus ou des collectivités entraînent des conséquences fortuites — et le plus souvent préjudiciables [18].

Les chausse-trappes de l'interdépendance collective résultent des problèmes soulevés par l'agencement des stratégies d'action. Les acteurs sociaux exercent des capacités stratégiques ; ils interprètent des stimuli ; ils choisissent des attitudes ou des conduites qui sont perçues comme appropriées au contexte d'action ; les comportements se révèlent plus ou moins bénéfiques à l'expérience. Plus les performances semblent positives aux acteurs sociaux plus les chances sont grandes qu'ils les réitèrent. Inversement, les effets négatifs favorisent la mise à l'écart provisoire ou l'abandon définitif des conduites qui les produisent.

Toutefois, deux phénomènes, au demeurant très simples, compliquent ce tableau. En premier lieu, les perceptions des coûts et des bénéfices associés aux actions dépendent *des espaces temporels de référence* : les acteurs sociaux prennent-ils en compte le bien-être immédiat ou pousuivent-ils des satisfactions à plus long terme ? En second lieu, les bénéfices et les coûts varient selon *l'aune d'appréciation* : les préférences des acteurs ne concordent pas en toutes circonstances avec le bien-être d'autrui ou de la collectivité dans laquelle ils s'insèrent. A bien y voir la combinaison des espaces de référence (court terme/long terme ; individu/collectivité) révèle la nature des chausse-trappes de l'interdépendance collective. *Ces dernières représentent des décalages ou des oppositions dans la répartition des coûts et des bénéfices vis-à-vis du temps ou des acteurs de référence.*

Spécifions les figures types et les mécanismes à l'œuvre dans les « ratés » de la dépendance par un examen

18. Cette question est traitée en détail par R. Boudon, *Effets pervers, op. cit.*, passim ; G. Hardin « The Tragedy of the Commons », *Science*, 1968, 162, pp. 1243-1248 ; Robert K. Merton, « The Unanticipated Consequences of Purposive Social Action », *American Sociological Review*, *1*, 6, pp. 894-904 ; M. Olson, *op. cit.* : J. Platt, « Social Traps », *American Psychologist*, 28, pp. 641-651 ; Th. Schelling, *La tyrannie des petites décisions*, Paris, PUF, 1980.

préliminaire : celui des conduites d'un acteur isolé. Des chausse-trappes accompagnent parfois les actions d'une personne. Le cas du fumeur de cigarettes illustre une première famille de circontances. Les plaisirs ressentis à court terme encouragent la consommation du fumeur bien qu'à long terme la jouissance risque d'entraîner des ennuis graves de santé. La chausse-trappe naît de la transformation de bénéfices immédiats en des coûts à long terme par suite de *l'effet du temps*. Parfois l'*ignorance* est à l'origine de cette transformation. Les acteurs, par défaut d'information ou par suite des limites intrinsèques aux capacités cognitives de l'être humain, oublient de considérer certaines des conséquences envisageables. Une autre situation, moins familière, bien que très courante, est celle où la *reproduction* des conduites entraîne des *chutes de satisfaction*. Les individus persévèrent dans l'espoir d'éprouver à nouveau les plaisirs antérieurs. Ces phénomènes apparaissent chez les gourmands, les amateurs de stupéfiants, les habitués des salles de jeux, les alcooliques ou les nymphomanes. Malgré l'amenuisement des bénéfices, ces individus persévèrent dans leurs passions.

LES PHÉNOMÈNES D'EXTERNALITÉS

Les décalages entre les intérêts à court terme et à long terme apparaissent quand les acteurs sont indifférents aux autres partenaires des collectivités dont ils font partie. La procédure du marché est à ce titre caractéristique : des acteurs sociaux décident sur une base individuelle d'établir des transactions mutuellement positives. Toutefois ces activités provoquent ici et là des coûts ou des gains qui atteignent des personnes étrangères à l'échange. Une telle situation crée des « externalités » comme disent les économistes. Des phénomènes *d'externalités* surviennent quand des *acteurs sociaux étrangers à une transaction subissent des coûts ou profitent des bénéfices engendrés par les conduites des partenaires*. Lorsque des agents externes à l'interaction jouissent de bénéfices sans qu'ils aient à investir des ressources, il y a effets externes positifs ; vice versa, si des coûts réduisent le bien-être des personnes étrangères à la transaction et qu'en outre elles ne reçoivent pas de compensations, il y a effets externes négatifs.

Notre voisin, collectionneur renommé de tableaux, s'inquiète de la recrudescence des vols d'objets d'art. Les revenus de ses revenus lui permettent de s'offrir en permanence les services d'une société de gardiennage effectuant des rondes autour du logis du maître. Du coup, sans bourse déliée, l'action du collectionneur renforce la sécurité de mon hôtel particulier et celle du voisinage. Mais un jour le collectionneur se révèle être un personnage excentrique, la fantaisie de s'isoler du monde dans une casemate de béton l'obsède. Pour ce faire, des maçons érigent des hauts murs qui plongent dans la pénombre le jardinet dans lequel avec des amis je me livre aux délices du naturisme. Or, si de tels agréments ou bisbilles égaient ou assombrissent notre vie personnelle, les effets externes gagnent en ampleur quand ils concernent toute une population. La bienveillance empressée des pouvoirs publics et du Crédit Agricole permet à un jeune paysan d'installer une porcherie industrielle à la sortie d'un hameau pittoresque de la vallée du Lot. Ses affaires propères et les petits commerçants des alentours s'en félicitent tandis qu'au village les instituteurs et les conseillers d'Etat à la retraite pestent contre les odeurs naudéabondes des porcins.

L'existence ou plutôt la reconnaissance des phénomènes d'externalités favorisent les actions collectives. Quand les effets externes n'atteignent qu'un nombre limité de personnes, selon toute vraisemblance, les individus s'entendent à l'amiable. En revanche, si l'effectif des acteurs subissant des externalités négatives devient considérable ou si les individus n'arrivent pas à des accords de gré à gré, l'action collective peut apparaître comme le moyen d'éliminer ou de réduire les coûts externes.

Aujourd'hui l'Etat peut aménager les droits des producteurs et des consommateurs de tabac parce que des hommes politiques, des hauts fonctionnaires, des experts perçoivent avec plus ou moins de précision ou d'exactitude des écarts entre les coûts individuels et les coûts sociaux du tabac [19]. En effet, tout se passe comme si le tabagisme était devenu un phénomène d'externalités négatives satisfaisant aux conditions caractéristiques d'une désutilité : (i) l'interdépendance de l'activité des fumeurs avec celle des non-fumeurs affecte la productivité ou le bien-être de la collectivité ; (ii) il n'y a pas compensation des écarts entre les coûts privés et les coûts sociaux. Dès lors, si les acteurs sociaux bénéficiaires de l'activité-tabac sont perçus comme imposant des coûts excessifs (sous la forme de gêne ou en réduisant la productivité des ressources) à la collectivité, l'Etat peut légitimement rechercher des programmes d'action plus ou moins efficaces, plus ou moins justes, établissant des compromis entre les utilités des fumeurs et les effets négatifs qu'elles imposent aux autres citoyens. En pratique, l'Etat intervient dans le circuit de production-consommation du tabac sous la forme de mesures anti-tabac visant à « internaliser », en tout ou partie, les effets externes. Faire en sorte que les pollueurs soient les payeurs.

LE BON SAMARITAIN ET LE DILEMME DU PRISONNIER

Néanmoins, l'action collective, qui éventuellement accroît le bien-être des groupes ne réussit pas toujours à s'organiser. L'intérêt individuel bloque la recherche d'un bien-être collectif. Nous voyageons un dimanche soir sur une autoroute encombrée [20]. Le matelas ficelé sur le toit d'une voiture tombe sans que le propriétaire s'en aperçoive. Par suite, la circulation ralentit sans toutefois s'interrompre. Personne ne s'arrête bien que l'action d'une seule bonne volonté permettrait à la file de voitures de reprendre son

---

19. Cet exemple est traité dans notre article « La lutte contre le tabagisme », *Revue Française de Science Politique*, *27*, 6, 1977, 932-959.

20. Exemple emprunté à Thomas Schelling, *La tyrannie des petites décisions*, *op. cit.*

allure normale. Les conducteurs à l'arrière ne connaissent pas le motif du ralentissement ; les chauffeurs qui perçoivent l'objet ne se préoccupant que d'éviter le matelas et de le dépasser le plus vite possible. Bref, un bon samaritain se fait attendre comme dans l'Evangile, bien que, à la différence de l'Ecriture Sainte, pour chacun — et pour tous — le temps passé sur la route aurait été réduit, ce qui n'est pas négligeable en cette fin de soirée. Aucun automobiliste n'est prêt à assumer lui-même les coûts de l'opération, c'est-à-dire la perte de quelques minutes, l'ennui de stationner sur le bas côté et l'effort de déplacer le matelas.

Hélas ! Dans de nombreux cas, n'en déplaise aux moralistes, la présence d'hommes de bonne volonté ne suffit pas à assurer le bien-être d'une collectivité. Les acteurs sociaux ne font aucunement preuve de conduites répréhensibles, mais les rationalités individuelles qu'ils mettent en pratique conduisent à des résultats collectifs dommageables. Le cas échéant, le souci de gains individuels s'avère préjudiciable au bien-être personnel des individus.

Soudain, dans une salle de cinéma, un début d'incendie, serait-ce sous la forme d'effluves de fumée, se déclare. Les spectateurs veulent quitter les lieux ce qui entraîne un mouvement de panique provoquant des accidents mortels qu'une évacuation en bon ordre aurait permis d'éviter. Si l'expert en sécurité ou l'observateur réagissent en ces termes, les spectateurs ne raisonnent pas en général de cette manière. Dans la salle de cinéma, tout un chacun anticipe qu'il y a quelques chances que des spectateurs se précipitent et créent des mouvements de sauve-qui-peut ; dès lors tout le monde risque, pour parler simple, « d'y rester ». Les probabilités, objectives d'un phénomène d'affolement peuvent être faibles, mais les coûts à l'évidence apparaissent subjectivement énormes aux spectateurs. En effet, que faire ? Quand l'un des spectateur A décide de ne pas s'en remettre à l'option du « sauve-qui-peut », il y a des chances que lui et les gens qui l'imitent évitent un désastre. Cependant, d'autres spectateurs ne partagent pas cet avis, leurs conduites provoquent une panique et l'individu A risque de mourir piétiné ou asphyxié. Notre spectateur A peut à son tour déclencher un mouvement de panique s'il court vers la sortie. Dans la mesure où peu d'individus prennent pour modèle la conduite de A, la stratégie risque d'être payante bien qu'elle puisse entraîner la mort de plusieurs personnes. Si un grand nombre de spectateurs suivent A dans son élan, l'incertitude de ne pas échapper au désastre croît.

Les mouvements de panique traduisent une figure type d'interdépendance collective caractérisée par la présence de *motifs mixtes*. Les acteurs font face à plusieurs alternatives de conduite — dont certaines peuvent être incompatibles. En particulier l'acteur social doit décider entre (i) maximiser les bénéfices individuels sans autres considérants ou (ii) tenir compte de la conduite de l'ensemble des membres du groupe auquel il appartient. La théorie des jeux dénomme les contextes d'action où prévalent les motifs mixtes, situation de « dilemme du prisonnier » [21].

Le dilemme du prisonnier est une fable. A la suite d'un crime crapuleux, le juge d'instruction soupçonne deux gangsters. Les voici en prison et ni l'un ni l'autre ne peuvent communiquer. A chacun, le juge déclare : « Certes les preuves manquent pour attribuer la responsabilité du crime à l'un d'entre vous. A moins que vous ne passiez à table. Dans ce cas, vous êtes libre et votre compère s'en tirera avec cinquante ans de prison au moins. Il n'y a donc aucune chance qu'il se venge ». « Et si je ne dis rien ? » s'exclame un gangster. « Fort bien répond le juge, tout dépend de l'attitude de votre compère car je vais lui offrir les mêmes conditions ». « Oui, mais ! poursuit le gangster, que se passe-t-il si ni lui ni moi ne parlons ? ». « Je vous condamne ensemble à cinq ans pour attaque à main armée déclare le juge d'instruction. Qui plus est, si vous n'avouez pas sur l'heure et que par la suite vous lâchiez le morceau tous les deux, vous en aurez pour trente ans ». Le tableau ci-après retrace les options offertes aux deux prisonniers. A l'évidence, les gangsters ont intérêt à se taire (case *a*) ; en fait les chances sont grandes qu'ils se retrouvent dans la case *d* du tableau, la pire des solutions !

---

21. Cf. par exemple A. Rapoport, *Combats, jeux, débats*, Paris, Dunod, 1967.

		Gangster B	
		Silence	Aveux
Gangster A	Silence	A : 5 B : 5 (a)	A : 50 B : 0 (b)
	Aveux	A : 0 B : 50 (c)	A : 30 B : 30 (d)

Dilemme du prisonnier : options

En effet, lorsque le prisonnier A se préoccupe uniquement de son intérêt quelle que soit la conduite du malfaiteur B, avouer est toujours une stratégie payante pour A. L'individu B parle, le complice A doit le suivre s'il veut éviter de passer cinquante ans de prison (case b). Le prisonnier B se taît : il est préférable pour le gangster A d'avouer. Le personnage A écopera de cinq ans de prison s'il garde le silence (case a) ; A passe aux aveux, le voici libre (case c). Et réciproquement pour le suspect B. Le dilemme du prisonnier équivaut donc à ceci : *dans certaines situations d'interdépendance, quand chacun des acteurs poursuit son intérêt propre, le résultat collectif a toutes les chances en définitive de lui être préjudiciable.*

Les figures de dilemme du prisonnier foisonnent dans la vie quotidienne. Il suffit pour s'en convaincre de remplacer le personnage du ganster B par celui d'un groupe, d'une institution, ou tout simplement par la « société ». Le gouvernement conseille aux citoyens de veiller à la consommation de fuel ou d'électricité sinon des pénuries sont à prévoir. Les consommateurs oscillent entre l'indifférence et la vigilance bien qu'ils n'ignorent pas les alternatives d'action auxquelles les pouvoirs publics peuvent recourir : assurer le service, fût-ce au prix fort, établir des « délestages » de courant. Les réactions gouvernementales vont dépendre en tout ou partie de l'attitude des consommateurs. Or, du point de vue de l'utilisateur se montrer indifférent aux exhortations de la puissance publique permet de maintenir son bien-être individuel. Si à la suite de tels comportements des ruptures de courant se produisent, au moins la température de mon appartement aura-t-elle été supérieure à celle qu'auraient entraîné des attitudes de bon citoyen. Le consommateur se sent d'autant plus enclin à suivre son propre intérêt que rien ne l'assure que ses voisins respectent les directives ministérielles

Ce bref panorama des chausse-trappes de l'interdépendance nous confronte à nouveau au problème de l'ordre social. Les procédures du marché ou de l'action collective, bien qu'elles permettent des rapports ordonnés entre les acteurs, causent parfois des troubles qui affectent le bien-être de l'individu ou des groupes. Ces situations appellent, avec plus ou moins de bonheur, l'intervention de protagonistes externes et de nouvelles stratégies d'action. Des mesures autoritaires comme celles du rationnement de l'essence permettent de sortir du dilemme du prisonnier mais au prix d'une réduction de la liberté de circulation des citoyens ; l'Etat peut aussi faire appel au mécanisme des prix pour réduire la consommation d'essence ou promouvoir des modes de locomotion concurrents de la voiture individuelle. Quelles que soient les modalités des actions mises en œuvre, le principe qui les sous-tend est identique : *encadrer les stratégies des acteurs sociaux de telle manière qu'elles concourent au bien-être subjectivement perçu par des personnes ou des groupes*. Sous une autre forme l'enjeu de la question de l'ordre social demeure : réduire, contenir l'incertitude entre les acteurs à un niveau tolérable afin qu'ils puissent entretenir des rapports significatifs et atteindre les objectifs souhaités.

Le cadre d'analyse de l'action sociale fait ainsi ressortir des phénomènes fondamentaux — bien que des critiques à l'emporte-pièce affirment le contraire : les faits d'échange, de pouvoir et d'autorité, les états de consensus ou de conflit. Par suite de sa nature radicalement active, l'homo sociologicus cognitif risquerait sans cesse, tout du moins à l'état de potentiel, d'échapper aux situations d'ordre ; en outre, si l'évaluation des coûts et des bénéfices s'insèrent dans ses attitudes et ses conduites, la lutte de tous contre tous deviendrait un trait essentiel de la vie quotidienne. Comment choisir entre les procédures du marché et celles de l'action collective ? Quels sont les types d'action collective mis en œuvre ? Tous ces phénomènes résultent de processus fondamentaux de l'action sociale qu'il nous faut expliquer : l'échange, le pouvoir, le consensus, le conflit.

Ouvrages et articles de référence

K. Arrow, *The Limits of Organization*, New York, Norton, 1974.

E.G. Furubotjn, S. Pejovich, *The Economics of Property Rights*, Cambridge, Mass., Ballinger Publishing Company, 1974.

G. Hardin, J. Baden, *Managing the Commons*, San Francisco, W.H. Freeman, 1977.

D. Hemenway, *Prices and Choices*, Cambridge, Mass., Ballinger Publishing Company, 1977.

O.E. Williamson, *Markets and Hierarchies : Analysis and Antitrust Implications*, New York, The Free Press, 1975.

2

Les processus fondamentaux de l'ordre social : échange, pouvoir, consensus et conflit

CHAPITRE IV

L'ÉCHANGE SOCIAL

On en conviendra sans peine, la plupart des propos formulés dans ce chapitre frapperont par leur trait d'une évidence familière au sens commun. Quitte à surprendre, jusqu'à une période récente, malgré une tradition séculaire de réflexion, la sociologie contemporaine n'examinait guère les phénomènes de l'échange social. Nonobstant, les écrits de sociologues (P. Blau, G.H. Homans), de psychologues (Thibautl, Kelley) ou d'économistes anglo-saxons (Kuhn), [1] des réticences subsistent et, en particulier, les principaux courants de la sociologie française éludent dans une belle unanimité l'approfondissement des phénomènes de l'échange social [2]. La tendance serait plutôt celle de rejeter les travaux qui s'aventurent dans l'étude de l'échange social en les accusant, non sans à propos parfois, de s'embourber dans les pièges de l'individualisme, du volontarisme et de l'utilitarisme. Ce faisant, les écoles françaises négligent l'importance des phénomènes d'échange dans la genèse, le maintien ou le développement de l'ordre social.

1. P.M. Blau, *Exchange and Power in Social Life*, New York, Wiley, 1964 ; G.C. Homans, *Social Behavior : its Elementary Forms*, New York, Harcourt, Brace and World, 1961 ; J.M. Thibault, H.H. Kelley, *The Social Psychology of Groups*, New York, Wiley, 1959 ; A. Kuhn, *The Study of Society : An Unified Approach*, Homewood, Ill., Irwin-Dorsey, 1963. Pour une présentation d'ensemble, voir R.L. Simpson, *Theories of Social Exchange*, Morristown, New Jersey, General Learning Press, 1972.

2. A l'exception de contemporains en anthropologie : Cl. Levi-Strauss, M. Mauss, *Essai sur le don*.

L'ÉCHANGE SOCIAL : UN PARADIGME DE RÉFÉRENCE [3]

Notions préliminaires. — Formulé en termes généraux, l'échange social correspond à la situation suivante : les activités susceptibles d'être entreprises par des individus et des groupes importent *réciproquement* aux acteurs. Ego souhaite devenir l'amant d'alter ; ego émet des gestes de séduction comme celui d'offrir un parfum rare.

En offrant un cadeau, ego envisage une relation avec alter : alter apprécie un peu, beaucoup ou pas du tout le parfum, et répondra selon. En somme, l'échange social se distingue des autres phénomènes d'interaction par le caractère *contingent* des actes entrepris. Ego et alter agissent dans l'espoir d'obtenir des réponses positives réciproques et perçues comme favorables aux buts qu'ils s'efforcent d'atteindre. Dans l'échange social les attitudes ou les conduites potentielles des individus ou des groupes possèdent des *valences* [4] perçues par les acteurs.

Plusieurs facteurs influencent les valences des performances.

(i) Les appréciations dépendent des *actes perçus comme accessibles* aux individus et aux groupes. Eu égard à l'étendue ou à la variété des ressources maîtrisées, les latitudes d'action d'ego et d'alter diffèrent. Le capital culturel, celui des relations sociales ou le budget-temps des classes sociales délimitent les options d'usage du temps libre accessibles à la classe ouvrière et aux grands bourgeois [5]. En outre, les

---

3. Nous suivons dans l'ensemble la présentation de R.M. Emerson. « Exchange Theory, Part I : A Psychological Basis for Social Exchange » ; « Exchange Theory, Part II : Exchange Relations and Network Structures », in J. Berger & al. (sous la direction de), *Sociological Theories in Progress*, New York, Houghton Mifflin Co, 1972, pp. 38-87 ; (id), « Sociological Exchange Theory », *Annual Review of Sociology*, 1976, vol. 2, pp.

4. C'est-à-dire les taux perçus de satisfaction ou de mécontentement associés à des objets *x* ou *y*.

5. Cf. par exemple C. Paradeise, « Sociabilité et culture de classe », *Revue française de Sociologie*, 1980, XXI, 4, pp. 571-593.

représentations du possible et du probable enserrant les espaces cognitifs des acteurs sociaux renvoient souvent dans les sphères de l'ailleurs et de l'inaccessible certaines des alternatives d'action ou de consommation de biens. La faible fréquentation des musées par les classes ouvrières et paysannes relève sans doute moins de handicaps liés aux ressources financières ou de temps qu'à l'influence du rapport de distance entretenu par ces groupes sociaux avec la culture artistique.

(ii) D'autre part, les acteurs évaluent avec *subjectivité* les performances éventuelles. Ego et alter ne ressentent pas en toutes circonstances de façon identique les plaisirs des actes de séduction. L'un est sensible à des bénéfices *tangibles*, comme celui de posséder physiquement l'autre ou de jouir des aménités que procurent les revenus d'alter ; ou bien, ego valorise des bénéfices *intangibles* : traîner à la terrasse d'un grand café en compagnie d'un minet adorable comble de prestige une veuve d'un âge disons certain. Dans ces exemples, l'évaluation peut être dite *instrumentale* : ego et alter anticipent ou ils ressentent des coûts et des bénéfices résultant du succès, de l'échec des actions entreprises ou projetées. Mais les acteurs sociaux peuvent aussi apprécier les performances sous un angle *expressif* : l'acte d'entreprendre devient une source de gratifications quels que soient les résultats. Séduire transporte des don Juan quand bien même ils ne réussissent pas à conquérir les belles qu'ils convoitent.

(iii) De plus, la valence des actions s'élabore avec plus ou moins de conscience réflexive en fonction des *conséquences* — personnelles ou vis-à-vis de tiers — anticipées par ego ou alter.

(iiii) Enfin, la valence des actes dépend de la *communauté* qui caractérise les biens et les buts manipulés par les partenaires d'une situation d'échange social : les acteurs sont-ils en quête de biens ou de buts similaires, complémentaires ou différents ?

Séduire les jeunes femmes accroît le prestige auprès des collègues du bureau mais les manœuvres associées au don-juanisme requièrent aussi des investissements monétaires ou temporels comme celui d'honorer une vie nocturne active auxquels peuvent être sensibles les personnes courtisées.. En retour, les don Juan d'occasion ou de profession reçoivent des récompenses diverses. Cet exemple illustre un cas d'échange social de type *coopératif* : les transactions apparaissent mutuellement bénéficiaires aux parties. Par contre, l'échange social devient *conflictuel* quand les bénéfices dont jouit ego entraînent des coûts pour alter. Quand un don Juan s'enivre des plaisirs d'une liaison temporaire sans pour autant accepter le projet d'un mariage en bonne et due forme, la beauté qui le ravit risque au cours de cette aventure de perdre un mari dévoué. Dans bien des situations l'échange social est d'un type *mixte* : des actes sont à l'origine de satisfactions pour les partenaires tandis que d'autres activités s'accompagnent de coûts pour ego et alter. En conséquence, les acteurs sociaux vont devoir faire des comparaisons et trouver au cours de séquences de négociation des accords ou des modus vivandi [6].

Dans une situation d'échange social, les acteurs disposent de ressources variables. Précisons : ego et alter possèdent des ressources *pertinentes* dans la mesure où elles correspondent à des intérêts réciproques pour les partenaires. La propriété des ressources est certes une condition nécessaire à la venue d'une relation d'échange mais elle ne suffit pas à l'asseoir. Ego jouit de ressources pertinentes quand ces dernières récompensent ou pénalisent alter — et réciproquement. La notion de bénéfices, entendue comme le degré de satisfaction ressenti par ego ou alter, ne mérite guère que l'on s'y attarde. Par contre l'idée de coût appelle des remarques. Dans les travaux d'analyse économique la notion de coût est facile à comprendre. Les coûts s'interprètent la plupart du temps comme des *coûts* dits d'*opportunité* : les conduites s'évaluent en fonction des autres actions auxquelles je renonce par le choix de tel ou tel acte. Quand un entrepreneur investit dans le commerce du beurre de cacahuètes, ceci veut dire qu'il préfère ce marché à celui des confitures bien que les occasions de faire des affaires ne manquent pas dans ce domaine. Don Juan à sa manière est sensible aux coûts d'opportunité : investir sur une personne réduit ou élimine

6. Cf. *infra*.

les occasions de séduire d'autres individus. Toutefois, les coûts dans l'échange social débordent cette vision strictement économique. Les relations entre acteurs font naître des coûts plus subtils qui éloignent l'échange social d'une image strictement économique.

Imaginons l'exemple suivant d'une situation d'échange social. Ego se précipite sous la pluie pour rencontrer alter dans un bar en fin d'après-midi. Les compères bavardent et potinent une bonne heure autour d'un verre de brandy. Ego attrape un bus et rentre dîner. Par suite des conditions atmosphériques ego aurait pu téléphoner à alter pour se décommander, rentrer à son appartement et se plonger dans la lecture d'un roman. Précisément, la plupart des théoriciens de l'échange social réduiraient cette illustration à un calcul de coûts d'opportunité entre l'option de rencontrer un ami dans un bar malgré la pluie et celle de lire un livre. Ce raisonnement risque de travestir les règles de décision suivies par ego. Ce dernier n'envisage peut-être même pas d'alternative d'action car il va de soi entre amis de prendre un verre ; comment calculer les coûts d'opportunité respectifs dans une relation d'amitié où s'insèrent non seulement des sentiments de réciprocité mais des sentiments d'obligation ? La question semble délicate à résoudre. Une amitié à la différence des échanges marchands ne s'évalue pas à un instant donné en des termes précis comme le sont les prix : les rapports entre amis traduisent des liens longitudinaux d'interdépendance résultant de la séquence des actions passées et futures. Qui plus est, si les agents économiques sur un marché sont interchangeables, les situations d'échange social violent cette hypothèse de la théorie économique : les amis ne sont pas des consommateurs anonymes. En effet, deux caractéristiques de l'échange social nécessitent des commentaires : l'hétérogénéité des règles de décision et la nature longitudinale des phénomènes d'échange.

L'HÉTÉROGÉNÉITÉ DES RÈGLES DE DÉCISION DANS L'ÉCHANGE SOCIAL

De fait, les agents sociaux exercent en pratique des règles hétérogènes de décision qui semblent fondées pour ego ou alter et qui leur permettent de définir les valences des actions éventuelles [7]. Les économistes ou les sociologues friands d'utilitarisme privilégient la rationalité *technico-économique* dont nous avons fait mention. Dans ses rapports avec des partenaires, l'agent choisit l'acte qui lui assure une utilité nette maximale. Dans les jeux à somme nulle, les acteurs préfèrent suivre la règle du « minimax » suivant laquelle un acteur rationnel doit choisir l'option du moindre coût quelles que soient les stratégies ou les tactiques de l'autre partenaire, précisément parce que l'option du « minimax » maximise l'utilité attendue par rapport aux alternatives.

De même, l'*altruisme* constitue une règle de décision : des individus ou des groupes privilégient les actions bénéfiques pour autrui. Dans certains contextes comme ceux de l'action collective, la règle de décision mise en œuvre est d'assurer les *gains collectifs* d'une communauté dont les acteurs sont membres [8]. Une autre règle de décision, bien que les spécialistes l'oublient volontiers, est celle de la *concurrence*. Dans ce cas, les partenaires s'efforcent d'accroître les différences de gains entre les utilités nettes respectives ; faire montre d'avantages supérieurs à ceux des acteurs rivaux domine le souci de maximiser l'utilité finale. Des travaux, et singulièrement des contributions d'anthropologues, mettent en valeur la règle de la *réciprocité* [9]. Dans les phénomènes de réciprocité, un principe d'équilibre régularise les transactions tandis que l'objectif d'un gain maximum ne trouble pas les partenaires. Par exemple A. Gouldner souligne l'omniprésence dans les collectivités d'une norme de réciprocité selon laquelle un individu doit venir en aide à autrui si ce dernier est venu antérieurement à son secours [10]. Les

7. Cf. B.F. Meeker, « Décisions and Exchange », *American Sociological Review*, 1971, *36*, 3, pp. 485-95.
8. Cf. chapitre précédent.
9. Cf. Sahlins, *op. cit.*,
10. A. Gouldner, « The Norm of Reciprocity : a Preliminary Statement », *American Sociological Review*, 1960, *25*, 2, pp. 161-178.

membres des tribus étudiées par M. Sahlins font du commerce en suivant une règle de réciprocité qui correspond à deux principes d'échange : « à chacun selon ses besoins », « à chacun selon ses capacités » [11]. Par contre, les rapports avec les tribus voisines s'exercent plutôt selon la règle de *l'équité*. Les protagonistes apprécient les transactions eu égard aux apports réciproques. Enfin, les *status sociaux* respectifs des partenaires fournissent le cas échéant une règle de décision dans les échanges [12]. Dans les sociétés capitalistes, nous nous attendons à ce que les dirigeants des entreprises reçoivent des récompenses monétaires ou de prestige supérieures à celles des cadres ou des ouvriers. Ces attentes définissant des termes d'échange traduisent la contribution des directeurs à la marche des firmes et la valorisation d'éléments de status (sexe, niveau d'instruction) socialement imposés — bien que les liens entre ces caractéristiques et la performance des entreprises puissent être ténus.

LA NATURE COLLECTIVE DES PHÉNOMÈNES D'ÉCHANGE SOCIAL

Dans cet inventaire, lequel n'ambitionne pas d'être exhaustif, la variété des règles de décisions, et singulièrement l'absence de la rationalité technico-économique comme principe unique d'action, appelle la reconnaissance de leur caractère social. L'exercice des règles de décision s'insère dans un contexte de *savoirs collectifs définissant leur rectitude eu égard aux contextes d'action*. Ainsi, dans les sociétés post-industrielles, la réciprocité régit les échanges qui se manifestent entre les intimes (parents, amis) tandis que les principes de la concurrence ou de la rationalité technico-économique régularisent plutôt les transactions du milieu des affaires. Par ailleurs, dans des sociétés comparables se rencontrent des règles de décision différentes. Outre-Atlantique, les citoyens peuvent faire commerce de

11. *Op. cit.*
12. Cf. P.M. Blau, *op. cit.*, G.C. Homans, *op. cit.*

leur sang : les Britanniques ou les Français s'en remettent à la procédure du don au cours de collectes. Selon l'étude comparative de R. Titmuss, la procédure britannique du don par contraste avec les mécanismes du marché en vigueur aux Etats-Unis, reflète l'influence de l'Etat-Providence cher au parti travailliste [13]. Les Anglais sont *de facto* plus « généreux » que les Américains puisqu'ils ne peuvent vendre leur sang. En fait, les Britanniques seraient plus enclins à la générosité par suite de la présence en Angleterre d'une institution de l'Etat-Providence : le Service National de la Santé. Les Anglais auraient adopté les valeurs du Service National de la Santé (gratuité, égalité des soins) favorables au développement de l'altruisme des citoyens puisqu'il exclut l'échange marchand et prétend satisfaire les besoins de tous.

Les chausse-trappes de l'action collective décrites dans les pages précédentes acceptent comme allant de soi l'indifférence ou l'ignorance par l'acteur individuel des conséquences que son action peut entraîner sur autrui. La pertinence de ces hypothèses relève d'études empiriques car, comme le remarquait avec ironie un spécialiste britannique, l'exemple du matelas sur la route révèle d'une manière lumineuse une société individualiste à l'américaine. A l'en croire, les sujets britanniques de Sa Majesté seraient plus sensibles à la solidarité collective que les citoyens américains... [14]. Quoi qu'il en soit, bien que des acteurs en relation avec autrui demeurent les unités fondamentales d'analyse, l'observation des phénomènes d'échange appelle des examens en termes de relations sociales soumises à l'influence d'éléments collectifs. La réciprocité — A. Gouldner y insiste avec bonheur — ne naît pas simplement des gratifications individuelles associées aux échanges mais aussi de sentiments de rigueur instruisant ego de ses obligations vis-à-vis d'alter [15]. Il y a quelques décennies, des valeurs et des normes socialement reconnues commandaient les relations affectives entre les époux des

13. R. Titmuss, *The Gift Relationship. From Human Blood to Social Policy*, Hamondsworth, Penguin Book, 1973.
14. J. Platt, *op. cit.*
15. A. Gouldner, *op. cit.*

familles bourgeoises respectables [16]. En particulier, des savoirs collectifs délimitaient les rôles attendus des épouses comme celui de la passivité sexuelle. A tort ou à raison, dans nos sociétés, apparaissent de nouvelles figures du rapport entre les sexes indiquant la volonté du sexe féminin d'abroger les contraintes collectives pour y introduire des considérants individualistes. Pour s'en tenir à cet exemple, les jeunes femmes d'aujourd'hui redéfinissent les us et les coutumes de la cour amoureuse. L'autonomie financière dont jouissent certaines d'entre elles modifie la valence des rapports sexuels. Autrefois, les cas ne manquaient pas où, par suite d'une dépendance financière, les femmes échangeaient des faveurs contre la sécurité matérielle — sans que ces transactions méritent d'être qualifiées de vénales. Les jeunes femmes contemporaines exemptes de soucis matériels peuvent choisir des règles de styles de vie « libres » dans lesquels les actions individualistes — comme celle de l'initiative dans les rapports amoureux — prennent le pas sur les rôles traditionnels définis socialement.

L'INTERDÉPENDANCE DANS L'ÉCHANGE SOCIAL

L'observateur doit prendre au pied de la lettre le qualificatif de « relation sociale ». Une erreur manifeste, dont nous avons fait état, serait en effet de voir l'échange sous l'image d'une transaction économique comparable à celles présentes sur les marchés. D'ordinaire, l'absence d'une aune explicite d'appréciation caractérise les rapports entre les partenaires d'une situation d'échange social. Par suite, l'ambiguïté des termes des échanges contraste avec la précision des règles stipulées dans un contrat commercial. L'absence de dispositions précises ne fait que traduire l'incertitude des phénomènes d'échange social, mais alors quels sont les mécanismes qui permettent des rapports d'ordre entre les protagonistes ?

---

16. Nous sommes redevable pour cet exemple à l'ouvrage de G. Levinger, H. Ransh (sous la direction de) *Close Relationships : Perspective on the Meaning of Intimacy*, Amherst, Mass., University of Massachusetts Press, 1977.

Comparons à nouveau les échanges économiques et sociaux. Le commerce des biens sur un marché traduit des valences d'une nature synchronique qui sont le résultat de calculs ; le mécanisme des prix permet aux vendeurs et aux acheteurs d'évaluer la valeur des biens. Ainsi donc, l'échange économique équivaut à une relation synchronique définie dans des conditions explicites à l'instant de l'accord entre les partenaires. De son côté, l'échange social, comme celui qui est présent dans une relation entre amis, recouvre une séquence d'actes créateurs de phénomènes d'interdépendance entre les partenaires. Dans les actes de réciprocité, les individus s'inspirent des transactions antérieures : l'obligation d'aider autrui découle des bienfaits reçus ; inversement les gestes de réciprocité créent des attentes : les invités du cocktail que j'organise m'inviteront sans doute à l'une de leurs parties mondaines. Ici, les calculs a priori des conséquences importent sans doute moins que les réalisations concrètes futures. Si des amis fréquentent assidûment mes réceptions mais en retour jamais ne m'invitent dans leur datcha de villégiature, les chances ne sont pas minces qu'à l'avenir je suspende les invitations.

Dans l'interdépendance réside un mécanisme essentiel de la réduction de l'incertitude au sein des échanges sociaux. Les liens d'échange créent des phénomènes progressifs de dépendance réciproque qui restreignent les conduites possibles et probables. Petit à petit les acteurs entremêlent conduites et attitudes tant et si bien que la réalisation des buts devient contingente aux actions réciproques d'ego et d'alter. Les cadeaux, les mignardises d'un don Juan provoquent des rapports de dépendance réciproque. Don Juan attend des récompenses et augmente d'autant son investissement ; dans la foulée, les partenaires fondent de nouveaux rapports qui les engagent. Les indigènes de M. Sahlins au cours des activités commerciales qu'ils entretiennent avec des tribus voisines cherchent à la fois à maintenir la solidarité produite par des transactions antérieures et à faciliter les échanges futurs [17]. En conséquence, les partenaires semblent moins en quête de gains maximums que d'une « bonne mesure » acceptable par tous.

17. *Op. cit.*

Par suite de la nature cumulative des phénomènes d'interdépendance, les rapports amoureux évoluent d'une rencontre superficielle à un engagement plus ou moins intense entre les partenaires [18].

L'exploration et ses suites.... — A l'improviste ou suite aux circonstances sociales délimitant l'éventail des partenaires potentiels, voici la rencontre entre une femme et un homme. Dans cette phase d'exploration, l'une ou les deux personnes découvrent pas à pas s'il leur sied d'établir une relation ; doivent-elles demeurer à l'écart ou investir des ressources afin de faire connaissance ? A ce stade d'attraction, ego repère les qualités attrayantes d'alter ; il considère les réponses éventuelles d'autrui et les satisfactions susceptibles d'en résulter ; selon toute vraisemblance, ego essaie d'imaginer les perceptions d'alter à son égard. Au cours des démarches d'approche, ego envisage moins les coûts et les bénéfices des actions à entreprendre qu'il ne cherche à prévoir les réponses positives ou négatives d'alter. Notamment ego s'inquiète de la comptabilité avec alter dans l'hypothèse où des liens s'établiraient. Pour ce faire, les individus utilisent des répertoires de standards collectifs d'attitudes et de conduites révélateurs d'indices de similarité [19]. Grâce à ces savoirs, ego et alter subodorent avec plus ou moins d'à-propos les milieux sociaux d'appartenance et les intérêts réciproques.

Au cours de ce premier jeu d'attraction, la recherche de gain personnel cœxiste avec des savoirs collectifs communs aux acteurs. Un simple indice, comme une alliance au doigt d'une dame, avertit ego qu'il doit avoir des gestes congruents avec le statut d'une femme mariée. Ego souhaite créer des

---

18. Ces illustrations sont extraites de l'ouvrage de R.L. Burgers et T.L. Huston, *Social Exchange in Developing Relationships*, New York, Academic Press, 1979.

19. Cf. T. Huston, G. Levinger, « Interpersonal Attraction and Relationships », *Annual Review of Psychology*, 1978, vol. 29, pp.

liens dont il attend des satisfactions mais sans doute partage-t-il aussi avec l'inconnue un consensus de fait respectant les rôles réciproques de célibataire et d'épouse. Le rôle de femme mariée implique pour ego des conduites admissibles ou défendues ; ce célibataire transi ne s'attend pas — peut-être à tort — à des réponses empressées. Au cours de cette séquence d'exploration, les messages transmettent des désirs ou suggèrent des champs communs d'intérêts. Dans ces procès de communication qui consolident ou mettent un terme aux démarches, la pertinence des informations transmises importe au premier chef. Ego interprète-t-il des postures et des paroles comme des avances ingénieuses de rapport sexuels voluptueux ? Dommage ! Alter n'y voit que de banals jeux de charme mondain. En pratique, ces activités de communication équivalent à des *jeux de négociation* au cours desquels les acteurs découvrent et aménagent les règles globales des échanges futurs. Alter, en l'occurrence une femme mariée, ne dissimule pas le plaisir qu'elle ressent à la vue de la cour d'ego mais elle montre avec savoir-faire qu'elle n'envisage pas de liaison.

Autre scène empruntée aux ciné-romans : un célibataire à la recherche d'une épouse que le langage populaire moderniste qualifierait de « traditionnelle » s'entiche d'une jeune cadre mordue d'ambition professionnelle qui n'envisage guère le rôle quelconque d'une épouse au foyer. Les premiers rapports vont se développer ou s'interrompre eu égard au *pouvoir de marchandage* qui s'instaurera entre ego et alter. Ce pouvoir de marchandage fluctue en fonction (i) des ressources respectives possédées par les acteurs et selon (ii) les alternatives d'action externes au couple ego-alter. Dans cet exemple, la richesse du célibataire, ego, est une ressource : la jeune femme dynamique y porte un grand intérêt. Or, la chance lui sourit : cette dame fréquente des hommes fortunés mais plus modernistes que notre héros. Dès lors, alter jouit d'un pouvoir de négociation supérieur à celui d'ego. Fort heureusement, le charme latin d'ego compense ce handicap.

Lorsqu'elles se poursuivent, ces activités de négociation s'accompagnent de liens d'interdépendance entre les acteurs. Faisons nôtre l'hypothèse suivante : ego et alter se fréquentent avec assiduité. Mais la firme parisienne qui emploie la jeune femme, alter, lui propose une promotion sous réserve qu'elle s'installe à Perpignan. La jeune femme semble prête à faire face aux coûts grâce aux satisfactions affectives et sexuelles que l'ami lui procure. Ego hésite : si les coûts d'un départ son assurés, les sentiments entretenus avec alter lui paraissent peu stables. En réalité alter s'interroge à son tour : les bénéfices d'un départ sont tangibles mais parfois ses sentiments à l'égard d'ego vacillent. Sans qu'il soit nécessaire d'admettre la transparence des options, ego et alter réfléchissent au départ à l'aide de points de repères qualifiés par Thibault et Kelley de « niveaux de comparaison ». Ces niveaux de comparaison leur permettent de juger si les rapports d'échange sont raisonnables ou trop coûteux [20].

En effet, les individus disposent de répertoires d'attitudes et de conduites. Lorsque ego et alter interagissent — ego possèdant le répertoire de conduites ($X = x_1, x_2, \ldots, x_n$) et alter le répertoire ($Y = y_1, y_2, \ldots, y_n$) — l'ensemble des échanges possibles correspond au produit X x Y, c'est-à-dire à l'ensemble des couples (x_1, y_1). Deux valences peuvent être associées à chacun des couples (x_1, y_1) : la première représente ce que ego attend de cet échange, la seconde ce qu'alter en espère. Thibault et Kelley admettent que les individus déterminent avec plus ou moins de précision la valence des actions et qu'ils ordonnent celles-ci sur une échelle dont le point central est un « niveau de comparaison ». Le niveau de comparaison est une sorte de moyenne résumant les satisfactions obtenues dans le passé par l'individu. A l'aide de ces niveaux, ego et alter évaluent si les échanges futurs leur apporteront ce qu'ils imaginent recevoir. En outre, les acteurs s'inspirent d'un second point de référence : le niveau de comparaison des alternatives, c'est-à-dire le taux de satisfaction offert par la meilleure situation disponible en dehors de la relation d'échange où ego et alter sont actuellement engagés.

D'autres mécanismes d'adaptation permettent aux personnages ego et alter de résoudre les dilemmes d'action auxquels

20. Thibault et Kelley, *op. cit.*

ils font face. Les *termes de la négociation évoluent* : alter décroche un emploi mirobolant pour son ami en Catalogne. Des *sentiments de confiance* se cristallisent : ego ou alter parient sur des bénéfices futurs et ils mettent à l'écart les coûts présents. Dès lors, l'interdépendance des acteurs s'accentue. La recherche d'un emploi élève l'implication d'ego ; pour sa part, alter s'engage plus avant s'il accepte l'emploi proposé par la jeune femme. Par suite des nouveaux phénomènes de dépendance réciproque, les rapports entre ego et alter se transforment : au début de la rencontre les gratifications individuelles prévalaient ; à présent l'échange social véhicule des données d'intérêts communs tandis que des sentiments de réciprocité créateurs d'obligations et l'enchevêtrement des zones collectives d'intérêts stabilisent les échanges.

La cristallisation de l'interdépendance : l'engagement d'ego et alter. — Cet assemblage de sentiments et de domaines d'intérêts communs se concrétisent dans une phase d'extension des phénomènes d'interdépendance. Les sentiments d'obligation présentent une particularité : les acteurs sociaux se demandent s'ils ont bien répondu aux attentes d'autrui ? En conséquence, dans ces situations d'ignorance relative, ego tend à *augmenter ses engagements* vis-à-vis d'alter pour réduire l'incertitude : le jeune homme empressé multiplie les sorties nocturnes avec une amie, quitte à prendre le risque de subir la loi de la baisse de l'utilité marginale. Un autre mode d'action dont peuvent faire usage les acteurs sociaux soucieux de satisfaire à des sentiments d'obligation consistent à *découvrir des actions ou des ressources* jusqu'alors inédites dans l'échange mais susceptibles de satisfaire les partenaires.

Par ailleurs les attitudes de réciprocité se transforment en des rapports prégnants *d'obligation*. La culpabilité s'infiltre lorsque les protagonistes éprouvent le sentiment de ne pas faire honneur aux engagements. Parfois si les rapports du couple ego-alter quittent la pénombre de la discrétion, des auditoires de parents ou d'amis contraignent au maintien de la relation : les séparations entre des époux ou des concubins peuvent être socialement coûteux. A l'inverse, les remontrances des cercles d'amis ou de parenté conduisent ici et là à des résultats inverses : l'opposition des familles au concubinage des couples d'étudiants renforce l'engagement des adolescents.

Dans d'autres cas, *l'intersection de zones d'intérêts* comme la présence d'enfants provoque *de facto* la montée de l'interdépendance dans un couple. Autre situation : des *gains collectifs* invite au maintien de la coopération : le cumul des salaires permet des styles de vie inaccessibles à une personne célibataire. Des *compromis* permettent aux échanges de perdurer : les conduites bénéficiaires de l'un affectent les coûts du partenaire mais fort à propos dans un autre domaine le rapport peut s'inverser. A terme, l'association du couple ego-alter devient *engagement (commitment)* quand les partenaires n'envisagent plus d'alternatives. Le couple satisfait de sa vie commune considère les alternatives comme hors de propos ou même inconcevables. Dès lors, si l'échange social fournit une interprétation des principales étapes des rapports amoureux, il permet de prévoir les tensions qui risquent de s'y manifester. Cette perspective d'étude conduit M. McCall à voir dans la réticence des partenaires à s'engager l'un des traits de notre époque. Aujourd'hui les conjoints privilégieraient les satisfactions utilitaires individuelles :

> « Toute rencontre est susceptible d'une occasion de liaison quel que soit le statut marital des personnes (...). Tout un chacun peut se marier quand il le veut : dès lors les individus doivent rester désirables et ne pas perdre de vue les bonnes affaires qui se présentent (...). Le mariage s'apparente à un accord conjoncturel. Les partenaires s'engagent sous la réserve que les termes de l'échange demeurent favorables par rapport aux chances du marché » [21]

21. M. McCall, « Courtship as Social Exchange », in B. Farber (sous la direction de) *Kindship and Family Organization*, New York, J. Wiley, 1966.

ÉCHANGE SOCIAL ET INSTITUTIONNALISATION

Dans l'apparition progressive d'interdépendance réside un mécanisme essentiel de l'institutionnalisation des rapports entre les acteurs sociaux. Outre les sentiments de confiance, de réciprocité, l'échange social se stabilise sous l'influence d'une norme, *l'équité,* et l'interprétation des intérêts d'un principe, celui de la *justice distributive*. Les standards d'un échange équitable définissent les rapports entre les coûts et les bénéfices des partenaires : les acteurs ne s'attendent pas à des termes d'échange égalitaires, les voici sensibles à des sentiments d'équité entre les ressources investies et les bénéfices attendus. Dès lors les partenaires acceptent des rapports d'inégalité car l'échange paraît équitable. Le principe de la justice distributive complète ou corrige les normes de la réciprocité et de l'équité. Ce principe permet aux partenaires de prévoir qu'ils recevront des bénéfices proportionnels aux ressources investies dans la transaction.

A ceci s'ajoute un mécanisme commun de régulation de l'échange social : le *leadership*. Un leader, sous le visage d'une personne ou d'un acteur collectif, crée ou met en œuvre les conditions d'ordre nécessaire à la stabilité des échanges. Le leadership équivaut à un moyen légitime par l'intermédiaire duquel des acteurs sociaux acceptent la coordination des échanges. En contrepartie d'un bien-être individuel ou collectif supérieur à celui qui résulterait de l'absence d'un agent coordinateur, des individus ou des groupes font confiance à des leaders, sous réserve que ces derniers respectent des règles de justice distributive de réciprocité ou d'équité.

En effet, dans la vie sociale caractérisée par des ressources rares comme l'argent, l'estime ou le pouvoir, la stabilité des échanges s'élève avec le respect de ces règles. A l'inverse, les tensions entre les partenaires se développent quand les transactions s'écartent des standards de réciprocité ou d'équité. Sous cet angle, certaines des conditions provocatrices des rapports conflictuels peuvent être formulées : (i) plus les normes d'équité ou de réciprocité semblent enfreintes, plus les chances sont grandes que les partenaires interprètent les échanges comme insatisfaisants ; (ii) plus les acteurs éprouvent de tels griefs, plus les tensions risquent de se multiplier [22].

Rappelons pour conclure le problème dans lequel se débat l'institutionnalisation de l'échange social. Si seules des gratifications utilitaires et individualistes régularisaient les échanges sociaux, ceux-ci afficheraient une nature très instable. Le lutte entre les acteurs risquerait d'être intense [23]. Dans l'exemple du mariage, les partenaires guidés par des récompenses individuelles sont toujours prêts à remettre en cause l'engagement marital en fonction des « opportunités » qui se présentent dans le voisinage des conjoints. Précisément les phénomènes d'interdépendance, les sentiments, les normes, et autres principes dont nous sommes entretenus assujettissent les élans individualistes-utilitaires. Toutes ces données qui encadrent les rapports naissent de séquences d'accommodation entre les agents sociaux, mais elles traduisent aussi l'impact d'éléments collectifs : communs, extérieurs et contraignants aux acteurs. Les sentiments de confiance interpersonnelle caractéristiques des couples ou des petits groupes correspondent dans la vie sociale à des savoirs collectifs permettant à ego et autrui de prévoir les conduites réciproques probables et possibles. « Le consensus de valeurs sociales, écrit P. Blau, facilite l'extension des rapports au-delà des contacts directs et il rend durables les structures sociales » [24]. En second lieu, les phénomènes d'interdépendance et les savoirs collectifs deviennent souvent des *règles formelles* qui s'imposent aux acteurs. Notamment, les échanges sociaux gagnent en stabilité lorsque des acteurs possèdent le droit légitime de faire respecter ou de formuler les termes de transactions. En d'autres termes, à la différence des travaux réduisant les *modus operandi* de l'échange social à un tableau conjoncturel

---

22. Cf. chapitre VI.

23. Toutefois on n'oubliera pas que les intérêts stabilisent les passions. Cf. la brillante démonstration de A. Hirschman, *Les passions et les intérêts*, Paris, PUF, 1980.

24. P. Blau, *op. cit.*, pp. 263-264.

de coûts et de bénéfices, les phénomènes d'échange social subissent l'influence des faits de socialisation et de pouvoir.

Ouvrages et articles de référence

J.K. Chadwick-Jones, *Social Exchange Theory : Its Structures and Influence on Social Psychology*, Londres, Academic Press, 1976.

P.P. Ekeh, *Social Exchange Theory : the Two Traditions*, Cambridge, Mass., Harvard University Press, 1974.

A. Heath, « Review Article : Exchange Theory », *British Journal of Political Science*, *1*, 1, 1971, pp. 91-119.

J. Scanzoni, « Social Exchange and Behavioral Interdependence », *in*, R.L. Burgess, *op. cit.*, pp. 61-98.

CHAPITRE V
LE POUVOIR

G. Simmel suggère aux observateurs de distinguer entre le contenu des relations entre les acteurs sociaux et les formes qu'elles revêtent [1]. Le conseil nous semble bienvenu car les critiques sociaux et parfois les sociologues de profession usent avec abondance du terme « pouvoir » sans prendre soin de le préciser. La forme désigne les traits fondamentaux permettant de distinguer le pouvoir des autres modes d'interaction sociale tandis que le contenu renvoit aux modalités concrètes et variables du pouvoir.

LA CONFIGURATION D'UN ACTE DE POUVOIR

L'idée de pouvoir évoque une configuration particulière des rapports entre les individus et les groupes. Pour réaliser ses objectifs ego entreprend à dessein des actions susceptibles de modeler les relations existantes ou envisageables avec alter malgré les résistances réelles et potentielles d'autrui. En somme, le *pouvoir est une stratégie qu'ego exerce vis-à-vis d'autrui pour obtenir que celui-ci, quoi qu'il en soit, concoure à la réalisation d'objectifs qu'ego a fixés.*

1. G. Simmel, *The Sociology of Georg Simmel*, New York, The Free Press, 1950.

Dans ce cadre de référence, le pouvoir se manifeste dans une *relation* bien que le parler populaire ou les essais de critique sociale se représentent le pouvoir sous l'image d'une substance. Les capitalistes possèdent dit-on du pouvoir sur les gouvernements. Tout se passe comme si la classe bourgeoise était propriétaire de ressources ipso facto agissantes sur les politiciens. Néanmoins souligner la relation inhérente à l'acte de pouvoir n'implique pas que l'observateur gomme l'importance et les inégalités de ressources. Le point de vue d'une étude analytique s'enquiert des conditions nécessaires à l'apparition de *rapports effectifs* de pouvoir.

Dans un contexte de pouvoir, ego doit jouir de *ressources pertinentes*. Comme dans la situation de l'échange social, les ressources d'ego doivent retenir l'attention d'alter dont il désire orienter les conduites. D'autre part, la *capacité* d'utiliser ces ressources est évidemment un facteur nécessaire aux entreprises d'ego. L'acte de pouvoir exige en effet des procédures de conversion des ressources. Soit un promoteur en quête d'un permis de construire dans une cité de villégiature ; ses affaires florissantes lui procurent des ressources financières qui l'incitent à projeter des actes de concussion auprès des fonctionnaires du Ministère de l'Equipement. Mais quels que soient ses désirs pressants, l'affairiste ne s'y aventure pas car les représentants de l'Etat lui apparaissent sous le visage de citoyens incorruptibles. Soit dans une commune rurale, des propriétaires de grands domaines fonciers qui disposent de ressources appréciables de pouvoir. Faute d'informations ou par suite de la ruse d'édiles municipaux, ils apprennent après coup le tracé d'une autoroute qui ne leur plaît guère. Ces deux exemples illustrent l'importance, comme dit M.F. Rogers, des « méta-ressources » dans l'exercice du pouvoir [2]. Ces dernières — le temps disponible, l'information, l'accès aux détenteurs d'autorités, etc. — sont des conditions nécessaires à la mobilisation concrète des ressources de pouvoir.

---

2. M.F. Rogers, « Instrumental and Infra-ressources : the Bases of Power », *American Journal of Sociology*, 1974, *79*, 6, pp. 1418-1432.

De même, les ressources de pouvoir se caractérisent souvent par la *rareté*. L'usage de ressources par ego entraîne — sinon de façon définitive, au mieux temporaire — une baisse des réserves disponibles. Ce phénomène atteint en premier les ressources dites tangibles (argent, force physique) bien qu'il n'épargne pas la classe des ressources intangibles fondées sur des symboles. Quand un contremaître utilise son prestige professionnel pour dicter les conduites maritales de l'un de ses subalternes, les chances ne sont pas nulles qu'il dévalue, peut-être à jamais, son aptitude à mobiliser cette ressource de prestige. Le contremaître transfert du domaine professionnel à celui de la vie privée une ressource qui en semble exclue. Si l'appel aux ressources intangibles n'entraîne pas nécessairement une baisse concomitante des réserves, la capacité d'y recourir se restreint quand les titulaires en abusent — tout du moins au regard des perceptions d'alter [3].

L'intention caractérise les actes de pouvoir sinon ces derniers ne se distingueraient pas du phénomène général de l'interaction sociale. *Dans un contexte de pouvoir, ego espère provoquer des résultats grâce au façonnage des conduites d'alter.* Souvent les résultats anticipés correspondent à des satisfactions personnelles pour ego ; ce dernier peut aussi agir pour le compte d'autrui : les fonctionnaires d'autorité exercent du pouvoir sur les citoyens au nom de la République ; dans d'autres situations, ego prétend agir dans l'intérêt d'alter : ainsi en est-il du « bon père de famille » qui administre une correction à son chenapan de fils. De plus, l'intention d'ego varie selon le degré d'emprise projeté sur les conduites et les résultats des actes d'alter. Ego établit une relation méritant le qualificatif de *contrôle* quand, quels que soient les sentiments ou les résistances d'alter, il lui dicte avec précision les conduites à suivre ; en revanche, à la place de diktats, ego se contente parfois d'incitations de conduite : alter jouit alors d'une certaine latitude de réponse mais, de ce fait, la réussite des démarches de pouvoir devient problématique [4].

---

3. Cf. A. Etzioni, *op. cit.*
4. Toutefois les échecs ne gomment pas la réalité de l'exercice du

En effet, des caractéristiques particulières *d'incertitude et de dépendance* façonnent les relations de pouvoir. On l'oublie par trop : le projet d'un acte de pouvoir révèle la dépendance des acteurs sociaux et singulièrement celle d'ego soucieux de diriger les conduites d'alter. Ego projette d'orienter les comportements d'autrui parce que, avec plus ou moins d'urgence, de la coopération d'alter dépend le succès des buts qu'il poursuit ; ego entreprend des actes de pouvoir dans la mesure où il prévoit des réticences ou des refus chez autrui — *i.e.* dans notre langage, de l'incertitude dans les conduites d'alter. A quoi bon mobiliser des ressources et agir sur autrui si les conduites souhaitées sont de l'ordre du certain ? De son côté, alter imagine les latitudes d'action d'ego : s'il n'acquiesce pas aux desiderata d'ego, quelles seront les chances de mise en œuvre des sanctions ? A son tour, ego s'interroge : les sanctions produiront-elles les effets espérés ? *Par suite des capacités stratégiques de l'homo sociologicus, l'acte de pouvoir est un phénomène probabiliste* — certes d'intensité variable. Le pouvoir peut d'ailleurs demeurer à l'état potentiel. Au terme d'expériences, les acteurs sociaux possèdent des représentations de l'usage effectif du pouvoir par un supérieur ; de même, ils construisent les images de l'usage des ressources accessibles à ego. De fait, de telles anticipations peuvent suffire à provoquer l'assentiment d'alter sans qu'ego émette des ordres présentés dans des termes choisis.

Dans ces circonstances, ego jouit d'une réputation de pouvoir. Alter imagine qu'ego *contrôle des ressources* susceptibles de porter atteinte à son bien-être. Ces ressources, rappelons-le, varient en nature. Les ressources cœrcitives constituent la base des actes de pouvoir fondée

---

pouvoir et l'observateur se doit d'examiner tant les réussites que les défaillances des actes de pouvoir. De plus, ce trait d'intentionalité ne dispense pas l'analyste d'observer les effets plus ou moins inattendus des actes de pouvoir d'ego, lesquels, le cas échéant, produisent des conséquences dommageables pour son bien-être. L'excès du recours à la violence physique encourage à terme, ce qu'oublient les tyrans, des accès de rébellion ; l'abondance des sanctions dans les règlements d'atelier, fussent-elles de simples mesures de prévention, ne favorise guère la bienveillance des employés vis-à-vis des supérieurs.

sur la *contrainte.* Les ressources cœrcitives (violences physiques, emprisonnement, châtiment, etc) permettent de contraindre les individus ou les groupes à faire ou à ne pas faire telle ou telle action. Dans ce cas de figure, l'emploi de ressources cœrcitives détériore ou menace de pervertir la situation d'alter — en particulier la contrainte restreint sa latitude d'action vis-à-vis d'ego [5]. *L'incitation* caractérise l'emploi des ressources utilitaires : en échange d'un bien ou d'un service, ego dissipe les réticences ou les refus de l'autre. L'acte de pouvoir se manifeste alors dans l'exercice d'un pouvoir de récompenses. Le pouvoir revêt des modalités de *persuasion* quand ego modifie les intentions d'autrui. Dans ce cas, ego ne change pas la situation d'alter mais modifie ses attitudes à l'égard des conduites attendues. Pour ce faire, ego puise dans des ressources normatives à base de symboles (légitimité, prestige, estime, etc.). Enfin, ego contrôle souvent des ressources *d'information.* La maîtrise des données d'information permet à ego d'orienter les attitudes ou les comportements d'alter — et singulièrement dans les contextes où autrui ne sait comment se conduire.

L'EXAMEN ANALYTIQUE DES RELATIONS DE POUVOIR

Les rapports de pouvoir varient selon les valeurs qu'ils prennent sur plusieurs dimensions. A. Kaplan propose de retenir trois dimensions simples, mesurables, permettant de décrire ou de comparer le pouvoir d'un acteur social [6]. La première mesure qualifiée de *poids du pouvoir* d'un individu

5. « La force est le contrôle effectif de la situation par ego, par lequel autrui est soumis aux moyens physiques capables de l'empêcher de faire ce qu'ego désire qu'il ne fasse pas, capable de le punir pour avoir fait ce qu'il n'aurait pas dû faire ou capable de lui faire sentir qu'en tous cas ego contrôle effectivement la situation ». T. Parsons cité par F. Bourricaud, « L'individualisme... », *op. cit.*

6. A. Kaplan, « Power in Perspective », in R.L. Kahn et E. Boulding, *Power and Conflict in Organizations*, Londres, Tavistock, New York, Basic Books, 1964, pp. 11-32.

ou d'un groupe consiste dans l'estimation des probabilités qu'ego obtienne d'alter les conduites attendues. L'analyste en se basant sur des observations calcule les chances de succès et d'échec des entreprises de pouvoir d'ego. Cette dimension cœxiste avec celle du *domaine d'exercice* des actes de pouvoir, c'est-à-dire, dans les faits, l'effectif des unités (individus ou groupes) soumis aux ordres d'ego. *L'étendue* est un indicateur de mesure des actes de pouvoir : ego s'intéresse à l'ensemble des conduites d'alter ou bien, seules, quelques activités lui importent. En conséquence, plus les valeurs prises par la variable « poids » sont fortes, plus le domaine d'exercice des actes de pouvoir est vaste, plus l'étendue des conduites soumises est grande, plus le pouvoir d'ego est elevé — et inversement.

Quelques facteurs introduisent des fluctuations dans le pouvoir dont jouissent les acteurs sociaux les uns vis-à-vis des autres. Regardons, à ce propos, en nous basant sur les travaux de chercheurs britanniques [7], les rapports qui s'instaurent entre les services des entreprises comme ceux présents dans des brasseries canadiennes. L'existence de départements « marketing », « production » et « finance » traduit la répartition du travail au sein des firmes ; les activités des « divisions » s'emboîtent les unes avec les autres : les commandes reçues par les services commerciaux permettent aux unités de production de manufacturer les produits désirés ; les spécialistes des finances s'enquièrent des coûts et des conditions de crédit. En d'autres termes, l'interdépendance des acteurs est inséparable d'une dépendance. Le bon service des clients avec lesquels le département marketing entretient des relations varie certes avec le dynamisme des cadres commerciaux mais il dépend aussi de la diligence des unités de production et de l'accord des services financiers. L'incertitude s'insère dans les rapports entre départements : les cadres du service commercial savent

7. D.J. Hickson *et al.* « A Strategic Contingencies Theory of Intra-Organizational Power », *Administrative Science Quarterly*, 1971, *16*, 3, pp. 219-232 ; C.R. Hinnings *et al.*, « Structural Conditions of Inter-Organizational Power », *Administrative Science Quarterly*, 1974, *19*, 1, pp. 22-43.

d'expérience que les ingénieurs de production soucieux d'un produit de qualité rechigent plus ou moins à satisfaire les commandes urgentes ; à l'inverse, les responsables de la technique ne possèdent pas les informations dont disposent les services commerciaux sur l'état des marchés. Tous ces agents se heurtent à des phénomènes d'incertitude mais certains d'entre eux, trop contents d'accroître la dépendance d'un ou de plusieurs départements, manipulent l'incertain.

En effet, moins un acteur social dépend de la coopération d'autrui pour l'accomplissement de ses buts, plus il est autonome ; plus les activités d'ego dépendent des ressources et des conduites d'autrui, plus ce dernier dispose de pouvoir vis-à-vis d'ego. Le pouvoir d'alter a toutes les chances d'apparaître s'il jouit d'une situation de monopole car ego ne peut lui substituer des acteurs de remplacement. Cette idée de dépendance dévoile ainsi deux des variables qui entraînent des fluctuations dans les liens de pouvoir : (i) l'importance donnée par des acteurs sociaux aux buts qu'ils entendent réaliser et la capacité à la satisfaire par eux-mêmes ; (ii) le degré de substitution entre les acteurs nécessaires à l'accomplissement des dites activités [8].

En général, les individus ou les groupes avides de pouvoir manipulent ces variables mais celles-ci interfèrent avec d'autres facteurs. Dans l'exemple des firmes décrites par Hickson *et al*, les divisions placées dans un contexte d'interdépendance affectent parfois d'accroître la dépendance de l'un ou de l'autre des services en jouant la carte de l'incertitude. Le département « marketing » choisit des politiques commerciales, enregistre les commandes et transmet des ordres nonobstant les desiderata des ingénieurs. Toutefois, la simple présence de phénomènes d'incertitude ne suffit pas à l'exercice d'actes de pouvoir. Ces derniers se déploient en fonction de la *maîtrise de l'incertitude* dont les acteurs sociaux se montrent capables. Le cas échéant, les conduites du département « production » atténuent les jeux d'incertitude dont voudrait se régaler le département

---

8. R.M. Emerson, « Power-Dependance Relations », *American Sociological Review*, 1962, *27*, 1, pp. 30-41.

« marketing » [9]. L'une des stratégies consiste en des activités de *prévention* : ingénieurs et techniciens profitent d'une « basse période » de commandes pour constituer des stocks ; une seconde ligne d'action est celle de *l'information et de la prévision* : le département « production » élabore des modèles lui permettant de prévoir les cycles saisonniers des ventes ; ou encore, une stratégie plus subtile peut être dénommée *absorption de l'incertitude* : répondant aux jeux de l'incertitude du département « marketing », les services de « production » installent de nouvelles machines pour neutraliser les humeurs réelles ou factices des cadres commerciaux.

En outre, si les réponses des acteurs influencent le taux de maîtrise de l'incertitude, d'autres conditions l'élèvent ou, à l'inverse, elles l'atténuent. Les attentes constitutives des rapports entre les services revêtent une nature *routinière* plus ou moins intense qui restreint les latitudes d'action : des circulaires émises par les directions générales fixent des délais précis entre l'enregistrement des commandes et la livraison des produits, ou des directives du siège central définissent les clients prioritaires. D'autre part, une variable d'importance circonscrit le pouvoir des agents dans un système d'action. Ces derniers y occupent des positions plus ou moins centrales dans la division du travail. Plus les acteurs sociaux remplissent des fonctions essentielles nécessaires au maintien et à la survie du système, plus les occasions de pouvoir se multiplient. *La centralité* des acteurs sociaux se traduit dans une firme par le caractère plus ou moins saillant (i) de l'interdépendance des tâches et (ii) de l'impact des activités. Au sein de certaines entreprises, les services de recherche et de développement ne concourent pas ou peu au fonctionnement quotidien des firmes. Les performances de ces services et, partant, leurs velléités de pouvoir n'entravent guère la marche de l'entreprise à la différence de celles du département production. La centralité des acteurs s'accroît quand les conduites entraînent des

---

9. Ces stratégies sont recensées par J.D. Thompson dans *Organizations in Action*, New York, McGraw Hill, 1967.

conséquences immédiates pour les autres membres de l'organisation. Des retards dans le traitement des documents comptables sont certes regrettables, et à terme ils peuvent être préjudiciables au bien-être de l'entreprise. Quoi qu'il en soit, ces à-coups importent moins que la célérité d'un service d'entretien à remettre en marche une chaîne de production. Dans ce cas, l'enjeu et l'urgence de la réparation augmentent le caractère central de la position des agents d'entretien. Si ces derniers, comme le montre M. Crozier dans *Le phénomène bureaucratique* [10], savent jouer de cette position centrale, leur pouvoir dépend néanmoins des ressources de substitution dont disposent les vis-à-vis. Quand les agents d'entretien jouissent d'un monopole d'intervention les contremaîtres et les ouvriers doivent s'en remettrent à leur bon vouloir. Toutefois, les acteurs sociaux ne dépendent pas en toutes circonstances du concours monopoliste de certains agents. Le chef d'atelier fait appel à une seconde équipe d'entretien placée sous ses ordres, ou des ouvriers mènent à bien la remise en marche. Cette substitution interne n'exclut pas une autre stratégie de remplacement : l'appel à des équipes d'entretien travaillant dans une autre usine ; à défaut d'une substitution inter-départements, l'entreprise peut encore avoir recours aux services d'équipes de réparation extérieures à la firme. Dans tous ces cas, le pouvoir des agents d'entretien se réduit en fonction des possibilités de substitution.

Chacune des variables principales (maîtrise de l'incertitude, centralité, substitution des acteurs) et celles qui les qualifient (prévention, routinisation, etc) entretiennent des relations avec les scores de pouvoir des acteurs. Formulons quelques hypothèses vérifiables :

(i) plus les acteurs membres d'un système social maîtrisent des phénomènes d'incertitude, plus les chances d'entreprendre des actes de pouvoir s'élèvent ;

(ii) moins un acteur est substituable, plus il risque de jouir d'occasions de pouvoir ;

(iii) plus un acteur occupe une position centrale dans un système social, plus il dispose de ressources de pouvoir.

---

10. M. Crozier, *Le phénomène bureaucratique*, Paris, Le Seuil, 1964.

Les liens qui s'établissent entre des variables définissent des *configurations* de rapports de pouvoir dont le schéma simplifié suivant dessine une vue d'ensemble :

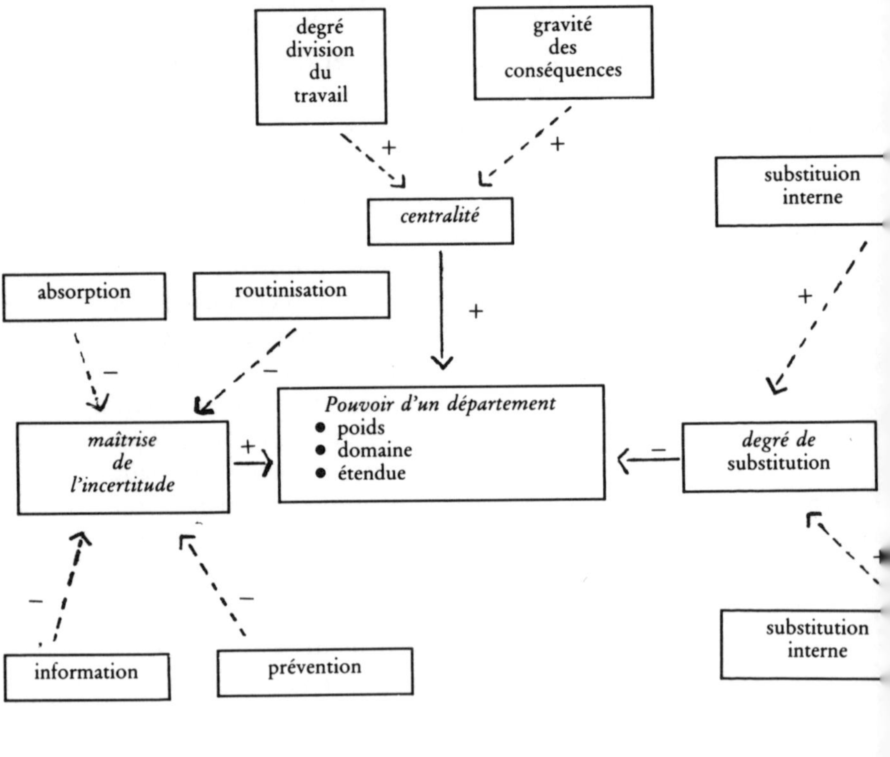

Source : adapté de Hickson *et al*, *op. cit.*

Précisons l'examen analytique des rapports de pouvoir en distinguant les phénomènes d'*autorité* et ceux d'*influence*. D'une formule M.B. de Jouvenel résume ce qu'il dénomme le « mystère de l'obéissance civile » — i.e. de l'autorité : « Va ! il va ». Alter reconnaît à ego le droit d'émettre des ordres et de se faire obéir. Dans les situations *d'autorité* des agents subalternes (i) obéissent à des supérieurs ; (ii) les récipiendaires n'évaluent pas le bien-fondé des directives transmises ; (iii) ils acceptent d'y souscrire bien qu'ils puissent considérer les ordres reçus comme inadéquats ou immoraux.

Faut-il en être surpris ? L'homo sociologicus cognitif — vous ou moi — éprouve un penchant évident pour les rapports d'autorité. L'obéissance aux consignes apparaît avec force dans les expériences célèbres de Milgram [11]. S. Milgram réunit deux sujets : la tâche de l'un consiste à apprendre, une liste de mots ; le second sujet surveille les erreurs du premier. Chaque erreur est sanctionnée par l'administration d'un choc électrique et à toute nouvelle faute le surveillant doit augmenter l'intensité du courant. Bien que le tableau de sanctions mentionne des avertissements « choc léger », « danger », choc grave », le surveillant accepte en général d'administrer des chocs violents. Le surveillant apparaît comme le délégué du « savant-professeur » et cette délégation détermine l'obéissance des sujets. Fort heureusement, les sujets complices de l'expérimentateur ne recevaient aucun choc. Et Milgram de s'interroger : « Les résultats, tels qu'on les a vus et ressentis au laboratoire, sont inquiétants pour l'auteur. Ils font entrevoir la possibilité qu'on ne puisse compter ni sur la nature humaine, ni plus spécifiquement sur le type de caractère produit dans la société démocratique américaine pour prémunir ses citoyens contre des traitements brutaux et inhumains émanant d'une autorité malveillante. *Un nombre*

11. S. Milgram, *Soumission à l'autorité*, Paris, Calmann-Lévy, 1974.

important de gens font ce qu'on leur demande, sans se préoccuper ni de la nature de l'acte ni des objections de leur conscience, tant que l'ordre leur paraît émaner d'une autorité légitime. Si, comme dans la présente étude, un expérimentateur anonyme peut avec succès ordonner à des adultes de réduire à la raison un homme de 55 ans et de lui infliger des chocs électriques douloureux malgré ses protestations, on ne peut que s'interroger sur ce que l'Etat, fort d'une autorité et d'un prestige considérablement supérieurs, peut imposer à ses sujets »[12].

Les récepteurs d'ordres agissent dans un contexte *d'influence* quand

(i) ils ne suspendent pas leurs facultés critiques d'appréciation et lorsqu'ils disposent

(ii) de moyens ou de canaux de communication pour transmettre leurs vues.

L'acteur pris dans une situation d'influence avance des suggestions, s'insère dans des débats et transmet des informations. Toutefois l'acteur influent ne dispose pas du droit formel de décider qui demeure — serait-il factice — la prérogative de l'individu ou du groupe placé dans une position d'autorité. Par suite, l'autorité au sein des organisations s'exerce principalement dans des relations verticales entre les acteurs sociaux tandis que l'influence circule dans de multiples directions horizontales et verticales.

A cet effet, comparons l'influence et l'autorité vis-à-vis des sources (quelles ressources contrôlent les acteurs ?) et des procédés de pouvoir (comment les acteurs contrôlent-ils les ressources ?)[13]. Dans un système d'action, ou pour être plusnconcret, au sein d'une organisation complexe (entreprise, bureaucratie d'Etat) quatre sources de pouvoir apparaissent prééminentes. Tout d'abord, le pouvoir d'un

---

12. S. Milgram, « Some Conditions of Obedience and Disobedience to Authority », *Human Relations*, 1965, *18*, pp. 57-76, p. 75. Souligné par nous.

13. Cf. French et Raven, « Les dimensions du pouvoir social », *in* A. Lévy (sous la direction de), *Psychologie sociale, textes fondamentaux*, Paris, Dunod, 1965, t. II, pp. 359-375.

acteur dépend de sa *position* dans la structure d'une firme ou d'une administration. La structure d'une organisation définit des relations formelles d'autorité. En particulier, les dirigeants au sommet font un usage variable des ressources normatives, contraignantes, utilitaires ou informatives dans leurs rapports avec des subalternes. Les caractéristiques personnelles, ou *traits de leadership*, constituent une seconde source de pouvoir qui se concrétise dans des modalités d'influence. Alter est sensible au charme d'ego, à l'élégance qu'il exhibe, etc. Ce leadership se fonde sur des ressources normatives, comme celles de la conception de la beauté dans l'esprit du temps, et d'informations. Ces ressources apparaissent dans une autre source d'influence : *l'expertise*. Des acteurs sociaux prennent la parole, des collègues ou des supérieurs les écoutent, reconnaissant leur compétence. Enfin, l'influence des acteurs varie eu égard à leur place dans les *points-clés de passage de l'information*. Les secrétaires personnelles situées dans l'anti-chambre des directeurs généraux saisissent au vol des données qui leur permettent d'exercer de l'influence bien qu'elle soit camouflée par leur position officielle dans la structure formelle de l'entreprise [14].

A notre avis, l'autorité est inséparable de la structure formelle des systèmes d'action. Certes, si la reconnaissance des positions d'autorité est une condition nécessaire d'existence, elle n'implique pas en toutes circonstances la présence effective d'actes d'autorité réussis. Néanmoins les positions formelles permettent aux acteurs titulaires d'autorité d'utiliser avec plus ou moins de latitude *toutes* les catégories de ressources de pouvoir. Par contre, les phénomènes d'influence s'inscrivent dans des situations disons contingentes. En ce sens, les traits de leadership ou d'expertise dépendent moins de conditions extérieures et formelles que de propriétés intrinsèques aux acteurs sociaux — comme les traits de leadership. Par suite, les phénomènes d'influence revêtent des aspects d'hétérogénéité et d'instabilité débordant les liens d'autorité.

---

14. R.M. Kanter, *Men and Women in the Organization*, New York, Harper, 1978.

D'autre part, l'autorité, à la différence de l'influence, ne peut faire usage de toutes les ressources de pouvoir et en particulier les phénomènes d'influence n'usent guère des ressources de contrainte ou d'utilité. Les acteurs jouissant de positions d'autorité ont accès à ces ressources fondamentales de contrainte ou d'utilité parce que des règles plus ou moins précises circonscrivent les actes de pouvoir. Des instructions, consignées dans des documents ou à l'état tacite, délimitent les effectifs des subalternes, l'étendue des conduites contrôlées et la légitimité des positions d'autorité. Légitimité ? Ceci veut dire que les subalternes acceptent non seulement l'autorité particulière des dirigeants mais aussi le principe qui alloue à certaines positions des fonctions d'autorité. Les subalternes « croient » dans le bien-fondé du principe de la division dirigés/dirigeants définissant les fonctions respectives des acteurs.

LE CAS PARTICULIER DU POUVOIR DANS LES COLLECTIVITÉS COMPLEXES [15]

Ces remarques distinguant les phénomènes d'autorité et ceux d'influence importent tout spécialement pour l'analyse du pouvoir dans les collectivités complexes (Etats-nations ; bureaucraties publiques et privées) dont elles mettent au jour des caractéristiques particulières. A bien y regarder, l'étude analytique des liens de pouvoir équivaut à un examen de l'allocation des ressources rares à l'intérieur d'un système d'action. Au sein d'une entreprise, le service d'entretien exerce des actes de pouvoir mais il ne lui revient pas de fixer les buts et les politiques de cette firme. Le pouvoir des services d'entretien peut être dit particulier. A un double titre : ce pouvoir n'est pas reconnu officiellement ; il s'exerce dans les interstices de la structure formelle de

15. Cette perspective d'étude est esquissée par E.W. Lehman dans « Toward a Macro-Sociology of Power », *American Sociological Review*, 1969, *34*, 4, pp. 453-465.

l'organisation. En revanche, les directeurs d'une entreprise, les leaders de partis politiques ou les gouvernants disposent du pouvoir général d'orienter les systèmes d'action qu'ils dirigent, et en particulier celui d'en assurer l'équilibre ou la survie. Deux conditions permettent aux acteurs sociaux de jouir d'une capacité générale de pouvoir :

à ces positions est attaché le droit reconnu comme légitime d'entreprendre des actes de pouvoirs orientant l'ensemble d'une collectivité ;

des règles précisent l'accès et l'utilisation des ressources de pouvoir.

Par suite, le pouvoir dans des systèmes sociaux complexes se distingue par un caractère de prévisibilité. Les acteurs sociaux acceptent, plus ou moins de bon gré il va sans dire, de s'en remettre au pouvoir de dirigeants dans la mesure où les conduites de ceux-ci sont prévisibles. Cette situation se traduit par des traits qui apparaissent moins voyants dans les contextes de petits groupes : (i) la différenciation marquée des rôles entre les acteurs sociaux crée une division verticale dominante du travail entre les dirigeants et les gouvernés, (ii) les rapports entre les acteurs sociaux sont fortement institutionnalisés.

Ces remarques complètent l'examen analytique des relations de pouvoir. Ces dernières, formulées dans un langage de dépendance, transmettent une image iu pouvoir qui correspond plutôt à celle du pouvoir d'ego sur autrui, sinon même contre alter. Dans ce cadre d'étude, les relations de pouvoir se manifestent par suite de différences entre les acteurs sociaux. Les écarts dans le domaine des ressources et des intérêts créent la dépendance des individus tant et si bien qu'ils recourent à des actes de pouvoir afin de créer des rapports stables et avantageux. L'analyse du pouvoir dans les collectivités complexes suggèrent un autre *modus operandi*, lequel n'est pas exclusif de l'interprétation précédente, qui correspond au mécanisme de la *confiance*. Les acteurs sociaux investissent leur confiance dans des institutions en vue de définir, de mettre en œuvre et de réaliser des objectifs collectifs. « Le pouvoir, écrira T. Parsons, c'est la capacité de mobiliser les ressources de la société en vue des buts pour la réalisation desquels un engagement commun (public) a été pris, ou peut être pris »[16]. D'un mot, le pouvoir correspond, selon les circonstances *ou* simultanément, « au pouvoir *sur* les autres » *et* « au pouvoir *avec* les autres ».

LA CAPACITE DE STRUCTURATION DES RELATIONS DE POUVOIR[17]

Si le phénomène du pouvoir qui nous intrigue tant montre le double visage de Janus, quelles sont les conditions favorables à l'occurrence du pouvoir *sur* les autres et du pouvoir *avec* les autres. La manifestation d'actes de pouvoir nécessite des conditions qui les rendent possibles et probables. Au-delà de caractéristiques immédiates comme celles ayant trait aux ressources, des données, en arrière-plan mais non moins essentielles, permettent aux actes de pouvoir de se matérialiser. Savoirs collectifs, procédures de décision, droits de propriété, etc., tous ces éléments définissent et circonscrivent les « coups » permis ou interdits dans les rapports de pouvoir. Résumons par « capacité de structuration des relations de pouvoir » *l'aptitude des acteurs sociaux à maîtriser ces éléments fondamentaux pour l'apparition des actes de pouvoir possibles et probables.*

De fait, comme nous allons le voir, l'étude de la « capacité de structuration » insère l'examen analytique des phénomènes de pouvoir dans des contextes historiquement définis. L'exemple des brasseries, analysé par Hickson *et al*, met, pourrait-on dire, entre parenthèses des données présentes dans la société globale canadienne mais sans lesquelles les rapports de pouvoir étudiés seraient difficilement compréhensibles. Dans ces entreprises, la division du travail et les phénomènes de hiérarchie donnent naissance à des rapports de pouvoir dont on peut certes montrer les liens avec les exigences pratiques de la technologie employée. Toutefois,

---

16. T. Parsons, « On the Concept of Political Power », *Sociological Theory and Modern Society*, New York, The Free Press, 1967, pp. 297-354.

17. Cette section reprend des idées développées par T. Baumgartner, W. Buckley, T. Burns, « Meta Power and Relational Control in Social Life », *Social Sciences Information*, 1977, *14*, 6, pp. 49-78) ; (id) *Power and Hierarchical Control*, Beverly Hill, Sage, 1975.

des savoirs collectifs et des formes juridiques comme celle de l'entreprise privée constituent des facteurs d'assise des hiérarchies et de la division sociale du travail.

Cette notion de la capacité de structuration peut être précisée en étudiant les types de rapports qui s'instaurent entre les individus ou les groupes. Voici un système d'action social constitué des agents (A, B,... X) ; les actes de pouvoir vont varier selon les états de trois paramètres du système :

(i) les *traits du contexte d'interaction* entre les agents,
(ii) les caractéristiques du *système de sanctions et de récompenses*,
(iii) les *savoirs collectifs* projetés par les individus ou les groupes les uns vis-à-vis des autres.

La capacité de structuration des relations de pouvoir réside dans l'aptitude des acteurs sociaux à agencer ou à garder sous contrôle ces paramètres de telle manière que la construction qui en résulte permette l'épanouissement d'actes de pouvoir favorables aux intérêts de ces agents. Grosso modo, deux cas de figure permettent de faire un inventaire des principales stratégies mises en œuvres pour structurer les relations de pouvoir. Les acteurs sociaux (i) manipulent les phénomènes de solidarité et de coopération ou (ii) ils tentent d'établir et de reproduire des rapports asymétriques.

L'agencement des phénomènes de solidarité. — Envisageons un système d'action sociale simple consitué de trois acteurs A, B, C. L'un de ces agents, A, est soucieux d'asseoir sa prééminence ; dans ce but, A structure les rapports entre les acteurs B et C, afin de créer un contexte d'interaction lui permettant d'obtenir leur coopération aux fins qu'il poursuit.

Une première ligne d'action se présente à l'acteur A : dessiner et implanter un cadre d'action où l'assentiment de B et de C résulte de l'absence de coopération entre eux. Stratégie familière à tout un chacun et traduit par le sens commun dans le précepte « diviser pour régner ». Une panoplie de ressources comprenant souvent des moyens très ordinaires comme celui de l'éloignement spatial de B et de C encadre les modalités de l'interaction entre les acteurs. Les agents B et C s'adressent à A dans des relations bilatérales mais ne peuvent ni communiquer ni créer des coalitions. Ainsi les régimes autoritaires limitent-ils, selon les modalités que l'on sait, les droits de réunion et d'association. D'ailleurs, les libertés publiques dont les régimes pluralistes-oligarchiques se réclament ne s'épanouissent pas toujours comme le voudrait un vrai croyant du libéralisme : des entraves, variables selon les contrées, réduisent dans les faits les possibilités d'organisation des travailleurs sur les lieux de travail ou plus généralement des citoyens.

La manipulation d'un second paramètre facilite la diffusion du principe « diviser pour régner ». A instaure un système de sanctions et de récompenses qui, s'il réduit les sentiments de solidarité entre B et C, encourage les bons rapports de C ou de B avec A. Au siècle dernier, les systèmes de gratifications mis en place dans les plantations coloniales du Sud des Etats-Unis favorisaient les esclaves noirs dévoués individuellement aux maîtres [18]. Les planteurs favorisaient les « bons noirs » collaborateurs sur une base individuelle par le prêt ou le don de lopins de terre tandis qu'ils évitaient des récompenses collectives et égalitaires. En général, dans une collectivité, qu'il s'agisse d'une organisation ou d'une société nationale-étatique, les différences de statut, de position sociale et de revenus entre les personnes ou les groupes, sans nier pour autant qu'ils puissent contribuer à la coordination requise des activités, facilitent la naissance de clivages dont les acteurs sociaux se saisissent pour asseoir ou consolider des rapports de pouvoir.

D'autre part, des idéologies manipulées avec plus ou moins de succès entravent ou relèguent dans la sphère de l'impensable les liens de coopération entre les acteurs B et C. L'individualisme charrie une vision du monde selon laquelle seuls les intérêts personnels méritent d'être pris en compte, il ne favorise ni la naissance ni le maintien des sentiments de confiance ; le « chacun pour soi » n'incite pas à des actions collectives bien que ces dernières puissent être favorables au bien-être des personnes. De son côté, l'idéologie paternaliste

18. Cf. la démonstration de E.D. Genovese, *Political Economy of Slavery*, New York, Pantheon, 1965.

s'avère dans nombre de cas une ligne d'action efficace pour désamorcer des prises de conscience d'intérêts communs chez les subalternes. Dans le « Sud profond » des Etats-Unis, le paternalisme des propriétaires associé à la hiérarchie des esclaves sédimentait l'attachement de Noirs, et plus spécialement des femmes aux maîtres blancs. Des récompenses économiques ou affectives protégeaient les esclaves de la brutalité des planteurs tandis que, de ce fait, les colons stabilisaient et légitimaient des rapports avantageux de pouvoir [19]. De même, l'idéologie paternaliste et les rapports quotidiens qui la sous-tendent sapent toute opposition ou solidarité des esclaves puisque les maîtres n'y apparaissent pas sous le visage d'oppresseurs.

Dans d'autres cas, l'acteur A soucieux de rapports de pouvoir stables et efficaces promeut des *stratégies de coopération* entre B et C. Ces dernières créent des structures d'interaction propices à des sentiments de confiance et de solidarité. Ainsi ces sentiments sont plus répandus dans les petits groupes que dans les grands ensembles humains. Dès lors, les collectivités de vaste dimension s'organisent en général selon une pyramide de petits groupes, laquelle, grâce à des procédures de coordination, maintient sa cohérence. Les armées affrontent ce type de problème. Sur un champ de bataille, les soldats pris individuellement peuvent hésiter entre le combat et la désertion [20].

Précisément, la répartition des soldats en petites unités comme la patrouille engendre et consolide des sentiments d'interdépendance entre les fantassins qui écartent les idées de désertion ou de retrait. L'ambition des activités d'intervention règlementaire de l'Etat vise souvent à créer des conditions de bonne entente entre les agents économiques. De même, l'Etat s'efforce par des textes législatifs accompagnés de sanctions d'organiser la confiance, de prévoir des garde-fous nécessaires à l'existence de rapports contractuels dans les échanges financiers ou commerciaux.

---

19. E.D. Genovese, *op. cit.* ; S. Elkins, *Slavery*, Chicago, University of Chicago Press, 1968.
20. E.A. Shils, M. Janowitz, « Cohesion and Desintegration in the Wehrmacht in World War II », *Public Opinion Quarterly*, (2) Summer, 1948, pp. 280-315.

Pareillement, des systèmes de récompenses ou de sanctions encouragent les attitudes coopératives. Les « parrains » de la Mafia, nous l'avons vu, savent organiser à leur manière des échanges multilatéraux positifs entre les membres de la « Costa Nostra ». Les pouvoirs publics usent de divers mécanismes d'incitation ; ils attribuent des crédits à des entreprises sous condition d'une fusion entre les firmes. Ou encore, des groupes, comme les collectifs auto-gestionnaires, sanctionnent les membres qui exhibent des attitudes de concurrence [21]. Enfin, des idéologies se font les chantres de la coopération entre les acteurs sociaux. Certaines techniques modernes de management en vigueur dans des firmes privées ou de gestion des bureaucraties d'Etat célèbrent la participation des employés ou des citoyens à la prise de décision [22].

Quelles que soient les lignes d'action retenues — d'ailleurs en pratique, elles s'entremêlent —, les acteurs qui en contrôlent l'initiative, le maintien et la mise en œuvre dominent les rapports de pouvoir sans qu'ils soient pour autant assurés d'atteindre en toutes circonstances les objectifs convoités.

La sédimentation et l'extension de rapports asymétriques. — Le second type de capacité de structuration recouvre les rapports asymétriques entre acteurs sociaux. Pour une raison ou pour une autre, des acteurs dominent d'entrée les rapports de pouvoir ; or, précisément, *l'exercice* de ces liens contribuent, sans qu'ils perdurent nécessairement, à les reproduire ou à les étendre.

Dans un régime capitaliste « pur », un contrat régit les rapports entre les entrepreneurs et les travailleurs ; ces derniers en échange de leur force de travail perçoivent un salaire issu pour une part des résultats de l'entreprise.

---

21. J. Rothschild-Whitt, « The Collectivist Organization : an Alternative to the Rational-Bureaucratic Model », *American Sociological Review*, 1979, *44*, 4, pp. 509-527.

22. Pour une mise à jour, se reporter à l'ouvrage de J.A. Merkle, *Management and Ideology*, Berkeley, University of California Press, 1980.

Formellement les deux parties se rencontrent sur un marché où chacune d'elle jouit de droits de vente et d'achat. Néanmoins, les images du marché et de l'échange n'impliquent pas toujours des relations symétriques. Dans un régime capitaliste pur, l'entrepreneur se trouve pris dans un système de rapports dont *certains* traduisent une domination de fait vis-à-vis des travailleurs. L'entrepreneur contrôle, outre la propriété des moyens de production et la force de travail des salariés dont Marx parle avec génie, un surplus de ressources (plus-value) qui lui permet de reproduire sa domination.

L'entrepreneur respecte les termes du contrat de travail : il verse un salaire. Le travailleur use comme bon lui semble des revenus qu'il perçoit. Dans cette situation, le salaire permet au travailleur de satisfaire plus ou moins ses besoins individuels, et en général à court-terme. Certes, les travailleurs peuvent être satisfaits des termes de l'échange quand le contrat respecte par exemple les normes attendues d'équité. Toutefois, dans ces transactions, les salariés ne fournissent pas simplement une force de travail, ils permettent aux entrepreneurs d'accéder à des ressources qui éventuellement consolident ou étendent leurs situations de pouvoir. Les plus-values dégagées facilitent la croissance des entreprises ou la prise de contrôle de firmes concurrentes ; ces ressources donnent aux entrepreneurs des moyens pour s'aventurer au-delà de la sphère des activités économiques et pour investir dans d'autres domaines comme ceux de la production culturelle et idéologique ou ceux de l'appareil politico-bureaucratique afin de les mettre sous contrôle et de les influencer [23]. En d'autres termes, le contrat d'échange alloue au salariat des bénéfices à court terme tandis qu'il donne en surplus aux firmes des ressources d'action à long terme susceptibles d'entretenir des états de domination.

Ces exemples dévoilent les limites des travaux de la sociologie des organisations quand elle s'enferme dans une

23. Ch. E. Lindblom, *Politics and Markets*, New-York, Basic Books, 1977 ; R. Miliband, *The State in Capitalist Society*, New York, Basic Books, 1969.

analyse intrinsèque des phénomènes de pouvoir réduits à des mécanismes internes aux firmes ou aux bureaucraties d'Etat [24]. Les caractéristiques de sociétés historiquement définies comme celles des modes de production capitaliste ou socialiste influencent les actes concrets de pouvoir. On l'oublie par trop...

Ouvrages et articles de référence

S.B. Bacharach, E.J. Lawler, *Power and Politics in Organizations*, San Francisco, Jossey Bass, 1980.

J.K. Benson, « Organizations : a Dialectical View », *Administrative Science Quarterly*, 1977, *22*, 1, pp. 1-21.

R. Bierstedt, « An Analysis of Social Power », *American Sociological Review*, 1950, *15*, 6, pp.730-738.

P. Blau, *Exchange and Power in Social Life*, New York, Wiley, 1964.

M. Crozier, E. Friedberg, *L'acteur et le système*, Paris, Seuil, 1977.

R.A. Dahl, « Power », *International Encyclopedia of the Social Sciences*, New York, Macmillan, 1968, vol. 12, pp. 405-415.

T. Parsons, *Sociological Theory and Modern Society*, New York, Free Press, 1967.

J.P. Poitou, « Le pouvoir et l'exercice du pouvoir », in S. Moscovici, *Introduction à la psychologie sociale*, Paris, Larousse, 1973. t. II, pp. 45-81.

D.H. Wrong, « Some Problems in Defining Social Power », *American Journal of Sociology*, 1968, *73*, 6, pp. 673-681.

24. Cf. Les commentaires critiques de R. Whitley « Organizational Control and the Problem of Order », *Social Science Information, 16*, 2, pp. 169-189.

CHAPITRE VI

CONSENSUS ET CONFLITS

Le terme consensus se love dans une imagerie d'à-peu-près ou d'équivoque dont il est parfois difficile de se défaire. En vérité, la gent des sociologues apprécie le terme. Quand la grande presse s'y refère, les rédacteurs prennent soin d'ajouter avec une pointe d'ironie ou pour faire montre de culture savante, « ... consensus, comme disent les sociologues,... » [1]. Mieux encore, d'aucuns parmi nos pairs perçoivent dans l'idée de consensus le concept-clé de l'analyse sociologique qui jouerait un rôle équivalent à celui de l'énergie dans les sciences physiques [2]. A n'en point douter si le problème de l'ordre constitue la principale question de l'analyse sociologique, les phénomènes d'accords ou de conflits entre les acteurs sociaux doivent y occuper une place d'importance, bien qu'il ne soit pas nécessaire de les ceindre d'un prestige excessif. Les pages suivantes ne s'entichent pas des vertus du consensus, lesquelles transparaissent souvent en filigrane dans les mémentos de sociologie ; néanmoins nous nous garderons de voir les conflits comme des indicateurs, en toutes circonstances, de « désirs d'histoire » (A. Touraine).

---

1. Cf. par exemple l'article du journal *Le Monde*, p. 1, n ° du 9-10 mars 1980.
2. O.E. Klapp, « The Concept of Consensus and its Importance », *Sociology and Social Research*, 1957, 41, pp. 336-342.

Les équivoques du consensus de contenu et la conception interactionniste du consensus. — Soyons clairs : le vocable de consensus ne mérite guère l'on ne sait quelle aura magique. Les dictionnaires des écoliers et des familles traduisent en termes simples l'idée commune du consensus : l'accord entre des personnes. Les divergences surviennent quand les sociologues de profession s'interrogent sur la nature, les fonctions ou les origines des phénomènes d'accord.

Dans l'éventail des théories sociologiques, la notion prédominante est celle d'un consensus envisagé sous l'aspect d'une substance. « Le consensus est un état particulier du système de croyances présent dans une société, déclare E. Shils un auteur proche de T. Parsons. Il y a consensus lorsque la plupart des membres d'une société, et singulièrement les responsables de l'allocation de ressources rares susceptibles de faire naître des conflits (autorité, statut, richesse, revenus) partagent à peu près les mêmes croyances et ressentent des sentiments d'unité » [3]. Selon E. Shils, le consensus désigne les accords individuels portés sur des objets collectifs ; dans une situation de consensus les individus partagent en commun les valeurs, les normes ou les coyances qui sous-tendent les institutions fondamentales d'une collectivité.

De même, S.M. Lipset assimile le consensus aux accords sur des valeurs essentielles (*ultimate values*) dont témoigneraient par exemple dans les sociétés industrielles les passions de l'égalité et de la réussite [4] ; d'autres spécialistes, nombreux parmi les politologues anglo-saxons, perçoivent dans le consensus l'adhésion à des normes — et, en l'espèce, aux « règles du jeu » — de la démocratie oligarchique-pluraliste [5]. Quelques sociologues repèrent dans les

3. E. Shils, « Consensus », in *International Encyclopedia of the Social Sciences*, New York, The Free Press, 1968, tome , pp. 260-266.
4. S.M. Lipset, *First New Nation*, Londres, Heinemann, 1964.
5. R.A. Dahl, *Pluralist Democracy in the United States : Conflict and Consent*, Chicago, Rand McNally, 1969.

croyances l'élément constitutif des consensus. Les croyances se rapportent soit à l'organisation de la société — les acteurs sociaux y voient l'œuvre de la lutte des classes ou celle d'une harmonie querelleuse — soit à des sentiments quotidiens comme celui de la confiance réciproque entre les citoyens [6]. Dans tous ces travaux, les valeurs, les normes ou les croyances ont pour fonction d'intégrer les acteurs sociaux et d'entretenir la légitimité des institutions ou des titulaires de positions d'autorité. Bref, dans ce cadre d'analyse, le consensus du substance est un « prérequis » (*i.e.* un impératif) des sociétés viables [7].

De façon paradoxale, les auteurs imprégnés de structuro-fonctionnalisme anglo-saxon se trouvent en compagnie d'essayistes néo-marxistes ou de commentateurs des écrits du marxisme-léninisme [8]. Certes, un conflit radical, la lutte des classes, caractérise les interprétations néo-marxistes mais cette idée n'empêche pas ces dernières de reconnaître des phénomènes de consensus dans les sociétés industrielles contemporaines. Toutefois, si H. Marcuse ou L. Althusser admettent la présence dans une collectivité de faits de coopération, les consensus identifiés, et singulièrement ceux que revèlent en tout ou partie les classes ouvrières, ne doivent pas néanmoins faire illusion. Dans ces travaux, les consensus des sociétés industrielles apparaissent sous le visage d'un trompe l'œil : la bourgeoisie manipule les appareils idéologiques d'Etat (école, mass media) et, ce faisant, la classe dominante endoctrine les salariés qui sous l'empire d'une « fausse conscience » ignorent la réalité oppressive du capitalisme. Autrement dit, les essayistes néo-marxistes partagent avec les sociologues structuro-fonctionnalistes le constat d'un accord parmi les citoyens sur

---

6. G. Almond, S. Verba, *The Civic Culture*, Princeton, N.J., Princeton University Press, 1963.

7. Cf. par exemple, M. Lévy, *op. cit.*

8. L. Althusser, « Idéologies et appareils idéologiques d'Etat », *La Pensée*, n° 151, mai-juin 1970, pp. 3-39 ; H. Marcuse, *L'homme unidimensionnel, op. cit.* ; R. Miliband, *op.cit.* Sur le rapprochement entre structuro-fonctionalistes et néo-marxistes, se rapporter aux articles de F. Bourricaud, *op. cit.*

des valeurs ; les spécialistes anglo-saxons y voient des manifestations de légitimité, ce que refusent les critiques néo-marxistes par suite de l'emprise idéologique de la bourgeoisie.

En fait, des ambiguïtés se glissent dans cette vision commune du consensus — et des auteurs comme E. Shils le reconnaissent [9]. Les composantes d'un consensus de substance ne doivent pas évoquer des valeurs ou des normes dictant dans un même transport des conduites précises. Au contraire, les contenus auxquels renvoient les normes, les valeurs ou les croyances, laissent place ici et là à des interprétations diverses. Précisément, l'aspect d'auberge espagnole des éléments d'un consensus permet à celui-ci de s'adapter et d'intégrer des points de vue hétérogènes. Une question néanmoins reste posée : si la substance d'un consensus se dilue dans le vague, comment peut-elle influencer des attitudes et des conduites ? D'autre part, la définition précise des valeurs et l'accord des citoyens ne garantissent pas la présence d'un consensus. Les idées de réussite ou d'égalité portent en germe des conflits ; mieux : elles peuvent s'opposer l'une à l'autre. Par suite — R.H. Turner le souligne — les sociétés tendent à compartimenter le contenu et le champ d'application des valeurs : la passion de l'égalité s'épanouit dans l'acte électoral mais elle est, sinon exclue, pour le moins plus faible dans le jeu de la réussite sociale [10]. Confronté à de telles anomalies, le prérequis d'un attachement à des « valeurs essentielles » entre, nous semble-t-il, dans l'univers du soupçon.

D'ailleurs, des résultats d'enquêtes analysés par M. Mann font ressortir les équivoques de la notion d'un consensus de substance. Quatre tendances se dégagent des observations recueillies auprès de sujets britanniques et de citoyens nord-américains. L'étendue d'un consensus de contenu vis-à-vis des institutions fondamentales de la société politique semble faible aux Etats-Unis et en Grande-Bretagne. Limités dans les groupes ouvriers, les sentiments de

9. *Op. cit.*
10. R. Turner, « Value Conflict in Social Disorganization », *Sociology and Social Research*, 1953-1954, 38, pp. 301-308.

consensus sont élevés dans les classes moyennes ; les membres de la classe ouvrière adhèrent d'autant plus à des valeurs déviantes que celles-ci se rattachent à des activités proches de la vie quotidienne comme celles du contrôle du travail ; enfin, la cohérence des systèmes de valeurs ou de croyances semble la plus faible dans les milieux ouvriers. Par suite, suggère M. Mann, les données d'enquête démasquent un paradoxe : les spécialistes exagèrent l'importance des valeurs, ils sur-estiment leur influence ; la cohésion dans les sociétés libérales ne naîtrait-elle pas plutôt du peu de connaissance ou d'une adhésion restreinte à des valeurs communes ? [11]. En effet, à bien y regarder, les valeurs sur lesquelles reposent les consensus fondamentaux des sociétés industrielles importent au premier chef aux catégories dirigeantes puisqu'elles revendiquent d'en assurer la direction ; en outre, le gouvernement des hommes sera d'autant plus aisé que les citoyens ignorent ou se désintéressent des valeurs fondamentales des sociétés industrielles. Les gouvernés s'en moquent parce qu'à lire M. Mann les occasions d'exercer du pouvoir leur semblent inaccessibles.

Il y a plus. Le consensus envisagé sous l'angle d'adhésions individuelles à des valeurs ne rend pas compte d'un phénomène connu dans le syllabaire sociologique sous l'étiquette du « paradoxe de l'ignorance pluraliste » [12]. En arrière plan de la notion du consensus de contenu se dresse le postulat d'une relation entre le consensus et les conduites des acteurs sociaux. Or, regardons le spécimen suivant qui sans doute ne nous est pas étranger. Voici un groupe dans lequel, bien que tous les membres n'adhèrent pas à une valeur commune, l'ensemble des participants est convaincu que les partenaires l'acceptent ; par suite, les perceptions réciproques des membres du groupe peuvent entraîner des conduites identiques sans qu'il y ait accord sur l'objet en question. Ce paradoxe de l'ignorance pluraliste dévoile un

11. M. Mann, « The Social Cohesion of Liberal Democracy », *American Sociological Review*, 1970, *35*, 3, pp. 423-439.

12. Th. M. Newcomb, « The Study of Consensus », in R.K. Merton *et al* (sous la direction de), *Sociology Today*, New York, Basic Books, 1959, pp. 277-292.

élément fondamental qu'omet la notion du consensus de contenu : les phénomènes de perceptions réciproques — dont les psychologues cognitifs, comme Th. Newcomb, soulignent le caractère déterminant dans la formation des attitudes et des conduites [13].

Rappelons-le, un consensus qualifié de substance désigne l'accord des individus vis-à-vis d'un objet. Ainsi envisagé, le consensus évoque le tableau d'un agrégat d'accords individuels. Il y a consensus, dira-t-on, quand des individus sinon tous partagent en commun un jugement. A l'inverse, v'entrée des phénomènes de perception efface l'image d'un agrégat d'accords individuels pour promouvoir celle d'une vue systématique et collective du consensus qui s'apparente à un phénomène de communication. De fait, quand des acteurs sociaux A et B développent des « orientations » vers un objet commun X, A n'entretient pas des relations unilatérales avec l'objet X. L'acteur A insère pour le moins dans ses représentations les perceptions de l'agent B vis-à-vis de X, et celles de B à son égard.

De façon plus concrète, le regard cognitif envisage sous un nouvel angle des phénomènes familiers comme ceux d'opinion publique [14]. A lire les sondeurs de peuples ou des politologues, tout se passe comme si les jugements exprimés dans les enquêtes étaient des opinions privées émises par des citoyens sans égard pour les phénomènes d'interaction qui prennent place entre les individus. Certes, les variables sociographiques (sexe, C.S.P., région, etc.) s'efforcent de traduire les effets des contextes socio-économiques, mais elles ne tiennent que rarement compte des interactions qui s'établissent entre les personnes ou entre les groupes sociaux. Or, dans une perspective d'étude cognitive, la formation, qui plus est, l'expression, d'un jugement est inséparable de la présence ou de l'existence d'alter. « Dans un cadre d'analyse interactionniste, écrivent J. Mac Leod et S.H. Chaffee, la

---

13. *Ibid.*

14. Cf. J. Padioleau et M. Eymériat, *Un modèle interactionniste et stratégique de l'opinion publique*, Paris, GEMAS, 1978, roméo, 17 pages.

société n'est pas une somme d'individus (atomes) mais un ensemble de relations interpersonnelles (molécules). L'hypothèse fondamentale est que les comportements d'un acteur social ne dépendent pas simplement de représentations personnelles ; ils sont aussi l'expression des perceptions de cet acteur vis-à-vis des jugements des autres agents sociaux et des orientations qu'il projette sur ces derniers » [15].

Les enquêtes par sondages analysent les « orientations » directes des personnes interrogées vers un ou plusieurs « objets » d'opinion. Par conséquent, la figure suivante se glisse dans les études d'opinion :

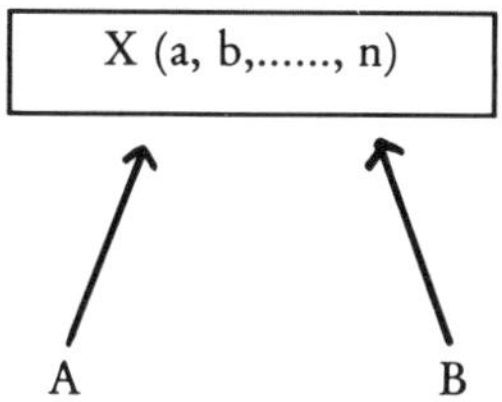

où :

X : objet d'opinion quelconque
(a, b,... n,) : attributs de l'objet X
A, B : personnes interrogées
A→ X : perceptions de l'objet X par A
B→ X : perceptions de l'objet X par B

En revanche, un regard cognitif dévoile une représentation autre des jugements formulés par les citoyens. C'est-à-dire, dans une situation simple :

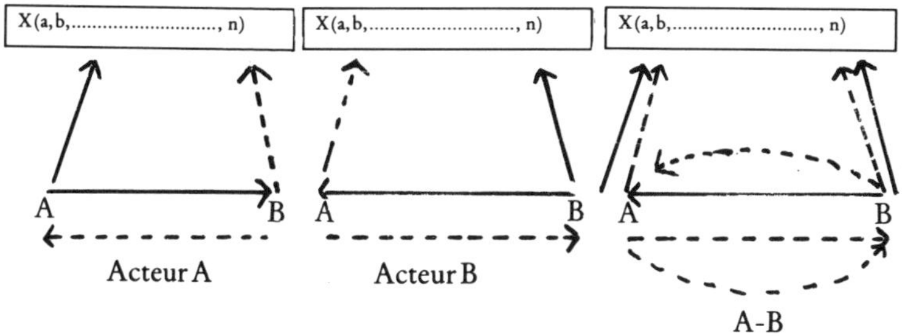

15. J. Mac Leod et S. H. Chaffer, « Interpersonal Perfection and Communication », *American Behavioral Scientist*, 16, 1, p. 470.

où :

A→B A←B	Orientations de A vers B — et inversement pour B
A→B A←B	Orientations projetées par B sur A et perçues par A — et inversement pour B
A→X B→X	Orientations de A (ou de B) vis-à-vis de l'opinion X
A→X A←X	Orientations projetées par A sur X et perçues par B — et inversement pour A

Ainsi donc, selon la représentation coutumière, le jugement des individus A ou B à propos de l'objet X est le résultat des seules perceptions privées de A ou de B tandis que, dans une perspective cognitive, l'opinion de l'acteur A est le produit des perceptions de A vis-à-vis de B, des orientations de B vis-à-vis de X perçues par A, des représentations de B vis-à-vis de A perçues par A, des perceptions de A par rapport à X.

L'ANALYSE COGNITIVE DES CONSENSUS

Dans un ouvrage paru sous le titre *The Strategy of Conflict*, Thomas Schelling s'inspire d'idées assez proches quand il s'interroge sur les phénomènes de « coordination tacite » [16]. Les exemples ne manquent pas où les acteurs sociaux affrontent des situations dans lesquelles les conduites requièrent d'être coordonnées. Toutefois, ces dernières ne connaissent pas de règles explicites délimitant avec précision les actes possibles et probables. Dès lors, selon des séquences décrites par G.H. Mead, les acteurs alternent symboliquement ; ils interprètent les gestes des alter et les perceptions réciproques afin d'établir au terme d'une suite d'essais et d'erreurs des règles de coordination acceptées par toutes les parties. Dans ce cas, les exigences de

16. *Op. cit.*

coordination nécessitent la mise au point d'un consensus tacite qui résulte d'une communication.

> « Lors de la guerre de Corée, explique Th. Schelling, le fleuve Yalou était une frontière-limite reconnue comme telle par les Américains et les Chinois. Toutefois, la force et l'autorité de cette frontière ne correspondaient pas à une reconnaissance individuelle et simultanée par les partis en présence : le « Yalou » était quelque chose que les deux bords acceptaient d'une manière réciproque. Chinois et Américains n'acceptaient pas simplement la frontière du Yalou. Il s'agissait plutôt du phénomène suivant : les Américains devinaient que les Chinois reconnaissaient le Yalou comme frontière — et réciproquement. Les Chinois savaient que les Américains considéraient le Yalou comme une frontière. Nous, Américains, savions que les Chinois avaient connaissance de notre position. Et ainsi de suite. En d'autres termes, Chinois et Américains partageaient des attentes communes (...). L'autorité et le respect qui accompagnent ces attitudes ne résultent pas de décisions volontaires et individuelles. D'une certaine manière, ces attitudes existent par elles-mêmes, indépendamment des parties en conflit » [17].

L'exemple de Schelling illustre les principaux types de rapports qui sont à l'origine des consensus. Aux perceptions dites du « premier degré » — c'est-à-dire les représentations des sentiments, des attitudes ou des conduites d'alter (ego sait qu'alter a reconnu l'objet X) — s'ajoutent des « perceptions au second degré » qui correspondent aux représentations des perceptions de l'autre bord (ego sait qu'alter a reconnu sa perception de l'objet X). De tels processus d'interaction ne s'interrompent pas nécessairement à ce stade et dès lors apparaissent des échanges perceptifs du troisième ou du quatrième degré. Au passage, ce mode d'étude interactionniste précise les modalités d'influence du caractère collectif de l'action sociale décrite dans le premier chapitre. *Les savoirs collectifs semblent aux acteurs sociaux des contraintes extérieures par suite de mécanismes de perceptions réciproques.* Ego perçoit qu'alter accepte le savoir X ; ego et alter se représentent réciproquement l'accord de ce dernier vis-à-vis de X ; ego devine qu'alter imagine ses perceptions. Bien qu'ego n'apprécie

17. Th. Schelling, *Toward a Theory of Strategy for International Conflict*, Santa Monica, Rand Publication p-1648, pp. 40-41 ; *id. The Strategy, op. cit.*, Chapitre IV.

guère le savoir collectif X, le sentiment ressenti peut être celui d'une contrainte si ego ne dispose pas de ressources suffisantes d'autorité ou de pouvoir pour modifier les orientations d'alter.

Au fil de ces exemples se dégage une nouvelle notion de consensus, distante de la version substantialiste. En particulier, l'analyse cognitive ne réduit plus le consensus à des phénomènes d'accord individuels. Si en effet, dans les situations de consensus, s'insèrent des phénomènes de perceptions réciproques, l'existence d'accords ne garantit pas la présence d'un consensus. *Il y a consensus quand les perceptions réciproques des acteurs sociaux vis-à-vis d'un projet concordent — que ces perceptions soient spontanées ou éprouvées à la suite de séquences d'essais et d'erreurs.* R. Laing et ses collaborateurs appliquent cette idée pour examiner les consensus dans un couple [18].

Soit deux époux, Jean et Carolyn, qui sont interrogés à tour de rôle par un spécialiste en thérapie conjugale. L'interviewer pose d'abord au mari puis à l'épouse la question suivante : « Carolyn est-elle dépendante de Jean ? » Si les époux fournissent des réponses identiques, la situation peut être qualifiée d'accord. De nouveau, l'enquêteur interroge Jean ou Carolyn : « Comment pensez-vous que Jean (ou Carolyn) répondrait à cette question ? ». Si la réplique du mari s'accorde avec la réponse effective de sa femme : Jean « comprend », dira-t-on, Carolyn, et inversement si l'époux donne une réponse différente. L'entretien se termine par une dernière séquence : « A votre avis, comment Carolyn a-t-elle répondu ? ». Si la perception du mari correspond à la réalité, Jean, disent les thérapeutes, « réalise » que Carolyn le comprend. Si l'époux se trompe : Jean échoue à « réaliser » qu'il est compris par Carolyn.

Ce mode d'analyse permet de dresser une typologie des consensus — dont on remarquera l'absence dans les travaux qui s'en tiennent à l'image d'un consensus de substance. Posons A pour traduire des phénomènes d'accord ; D =

---

18. R. Laing *et al*, *Interpersonal Perception : A Theory and a Method of Research*, New York, Springer, 1966.

désaccord ; C = compréhension ; M = mésentente ; R = reconnaissance ; E = échec. Dans le cas (RCACR) le mari et la femme sont d'accord ; l'un et l'autre se comprennent et ils savent qu'ils se comprennent ; la figure (EMDME) indique des désaccords entre Jean et Carolyn, mais s'ils ne se comprennent pas les époux ne s'en rendent pas compte ; dans l'exemple (EMACR) le couple est en accord mais le mari imagine une situation inverse et ne perçoit pas que sa femme le comprend.

A l'évidence, les phénomènes de consensus présentent des aspects plus complexes dans les groupes ou dans les grands ensembles humains. Tout spécialement, l'observateur est confronté au problème du choix d'un critère qui lui permette de reconnaître une situation comme consensuelle. L'exemple des époux Jean et Carolyn ne s'en préoccupe guère, mais dans un groupe ne faudrait-il pas des perceptions d'accord auprès des deux tiers ou des trois quart des membres ? Il serait malaisé de faire valoir une réponse standard puisqu'elle dépend des circonstances et du projet d'enquête. Admettons néanmoins de choisir le principe de majorité comme un indice de la taille des publics consensuels dans un groupe. La grille d'analyse élaborée par Laing et ses collaborateurs conduit à distinguer quatre types de consensus.

	La majorité du groupe est dans une situation de :	
La majorité du groupe	*Compréhension*	*Non-compréhension*
est en *accord* avec l'objet X	Consensus monolithique	Ignorance pluraliste
est en *désaccord* avec l'objet X	Dissension	Faux consensus

Dans le cas de figure du *consensus monolithique* :

la majorité des membres d'un groupe accepte l'objet X, en outre le public majoritaire sait qu'il y a accord ;

il y a *ignorance pluraliste* quand 50 % des individus au moins perçoivent un désaccord bien qu'en fait les acteurs soient en agrément ;

la *dissension* indique l'absence d'accord, et la perception juste de ce fait ;

le *faux consensus* correspond à l'état du groupe dans lequel la majorité des individus ne partagent pas un avis mais le public majoritaire perçoit un accord.

La reconnaissance de plusieurs consensus incite à s'interroger sur les systèmes d'action nécessitant la présence de l'un ou de l'autre de ces types. En effet, l'interdépendance ténue que manifestent certains couples exige des liens de coordination étroits entre les époux et, partant, la présence d'un consensus élevé ; par contre, quand nous retirons de l'argent au guichet d'une banque, peu importent les opinions politiques de l'employé qui nous reçoit. Par suite, l'étendue et la fréquence des types de consensus vont dépendre des *modalités de coordination* requises par le fonctionnement des systèmes d'action sociale [19].

Le degré de *formalisation* des rapports entre les acteurs constitue une première dimension de la coordination des systèmes d'action. Dans un système, les relations entre les individus et les groupes peuvent être plus ou moins formelles. En pratique, ce formalisme dépend de l'absence ou de la présence d'un code d'instructions : les orchestres de jazz ignorent parfois l'usage de partitions tandis que les symphonies de musique classique en exigent le respect. La formalisation s'avère forte quand des autorités sont considérées comme responsables de la surveillance des conduites attendues : les performances de « free jazz » se dispensent d'un chef d'orchestre mais les représentations d'opéra sont fidèles à la tradition [20]. De plus, le sentiment d'obligation et les contextes d'anonymat renforcent ou atténuent la variable de formalisation. Ainsi plus l'existence de rapports explicites réduit l'anonymat des acteurs, plus ces derniers doivent remplir leurs rôles avec application. A son tour, la *complexité* des actes de coordination influence l'apparition et les traits des états de consensus. Une coordination complexe appelle l'existence d'un consensus monolithique. Un indica-

19. Nous empruntons ces éléments à l'article de T.J. Scheff, « Toward a Sociological Model of Consensus », *American Sociological Review*, 1967, *32*, 1, pp. 32-46.

20. K.E. Weick, « Educational Organizations as Loosely Coupled System », *Administrative Science Quarterly*, (1), *21*, March 1976, pp. 1-19.

teur de complexité peut par exemple être celui du degré de précision attendu des conduites réciproques. Les duettistes d'un numéro de voltige au trapèze prévoient les conduites réciproques avec certitude. En général, plus la division du travail social est intense, plus les acteurs se trouvent pris dans des situations d'interdépendance, et plus des sentiments de consensus s'imposent. De même, la coordination dépend d'une variable mentionnée dans les chapetres antérieurs : la structure des coûts et des bénéfices attachée aux performances des partenaires d'un système d'action sociale. Les risques de dissension et, partant, de défection augmentent quand l'interdépendance favorise les bénéfices individuels et qu'elle pénalise les actions collectives [21].

Dès lors, la perspective d'études cognitives présentée ici relativise l'impératif d'un consensus de contenu nécessaire au bon fonctionnement des groupes ou des collectivités. La cohésion des sociétés oligarchiques pluralistes s'accommode de consensus hétérogènes eu égard aux activités de coordination nécessaires à leur fonctionnement et à leur survie. De ce point de vue, les phénomènes d'accord sur les règles du jeu entre les élites et les contre-élites au pouvoir apparaissent déterminants puisque les catégories dirigeantes en assurent la direction. A l'opposé, qu'attendre des simples citoyens ? Eh bien ! Il suffit qu'ils remplissent quelques rôles attendus et circonscrits comme celui d'électeur ! En outre, un regard cognitif rappelle aux sociologues l'omniprésence des consensus minuscules et momentanés qui régularisent la vie quotidienne. La circulation automobile abonde de consensus momentanés : les chauffeurs alternent symboliquement ; ils imaginent, parfois à tort, les conduites des vis-à-vis ; ils évaluent les vitesses respectives des véhicules. Derechef, la *capacité stratégique des acteurs sociaux se montre en pleine lumière dans les phénomènes de consensus* bien que d'ordinaire le grand public n'y voie que des activités routinières, pour ne pas dire automatiques. Précisons, il s'agit d'une capacité stratégique *variable*. Le leader d'un groupe qui remplit une fonction de coordinateur des activités sera plus

21. Cf. *infra*, chap. III.

sensible que ses subalternes aux exigences de consensus. Au cours d'une campagne électorale, les consensus perçus entre les électeurs et les partis politiques deviennent des variables essentielles dans le choix des stratégies de progagande. Par suite, la mise au jour de ces phénomènes est une activité essentielle des candidats et de leurs seconds.

LES CONFLITS

La diversité des situations de conflits embarrasse. Enumérons : les disputes des amants, les brouilles des grandes familles, les esclandres entre collègues de bureau, les affrontements syndicats-patrons, les entreprises expansionnistes et guerrières des Etats-nations. Tant de sujets d'enquête encouragent à donner la chasse aux crédits de recherche tout du moins ils invitent au labeur. En vérité, les travaux abondent mais l'observateur qui d'aventure explore le champ d'étude des conflits éprouve bientôt le sentiment d'un trop plein [22]. Les taxonomies succèdent aux typologies dans une débauche de raffinements proche de l'idée fixe : les perspectives « psychologiques », « sémantiques », « sociologiques » se disputent les faveurs des analystes eu égard à la discipline des promoteurs, ou bien les orientations d'étude se chevauchent quand les rédacteurs de manuels affichent un œcuménisme ouvert à tout vent. Il va sans dire que l'exposé ci-après se limite à quelques principes d'analyse de conflits dans une perspective cognitive et utilitaire.

22. K. Boulding, *Conflict and Defense : a General Theory*, New York, Harper, 1962 ; L. Coser, *The Functions of Social Conflict*, Glencoe, Free Press, 1956, traduction française, *Les fonctions du conflit social*, Paris, PUF, 1983 ; (*id*) *Continuities in the Study of Social Conflict*, New York, Free Press, 1967 ; R. Dahrendorf, *Classes et conflits de classes dans les sociétés industrielles*, Paris, Mouton, 1972 ; C. Fink, « Some Conceptual Difficulties in the Theory of Social Conflict », *Journal of Conflict Resolution* 1968, *12*, 4, pp. 412-460 ; A. Rapoport, *Combats, jeux et débats*, Paris, Dunod, 1967 ; T.C. Schelling, *The Strategy of Conflict*, Cambridge, Harvard University Press, 1960.

Concurrence et conflits. — A. Rapoport réduit la variété des conflits à trois situations types : le combat, le jeu et le débat [23]. Des sentiments d'hostilité caractérisent le combat ; en revanche, bien que les acteurs d'un jeu aient des objectifs rivaux, les parties en présence respectent d'un commun accord des règles de conduite ; au cours d'un débat, les protagonistes confrontent des points de vue divergents.

A chacune de ces figures correspondent des images particulières des acteurs. Lors d'un combat, alter s'apparente à une « nuisance » qu'ego projette sinon de faire disparaître, pour le moins de remettre à sa place. Dans un contexte de jeu, les acteurs sociaux sont des partenaires qui se proposent de réaliser au mieux des préférences collectives ou personnelles. L'exemple du débat évoque une représentation distincte : ego et alter se perçoivent comme mal informés, ignorants ou perdus dans l'erreur. Le combat appelle la sanction d'une mise à l'écart ou la destruction de l'autre ; la ligne d'action des « joueurs » est celle de mieux faire, de surpasser les partenaires tandis qu'à l'occasion d'un débat l'entreprise des participants est de convaincre. Le combat privilégie des modes d'interaction à base de menaces ou de violences ; les jeux recouvrent des liens de coopération comme celui du respect de règles et des rapport de rivalité, alors que la persuasion domine les débats.

Combats, jeux ou débats : quelles que soient les figures, des rapports d'interdépendance enserrent les conduites des acteurs sociaux. *Les conflits naissent de la dépendance réciproque des individus ou des groupes.* L'agent autonome — Robinson avant la rencontre de Vendredi — n'envisage pas de combat avec alter ; il ne joue ni ne débat — sauf dans l'imaginaire. Outre les faits d'interdépendance, les domaines d'activités propices aux conflits embrassent (i) l'antagonisme des buts et (ii) les disputes qu'entraînent l'acquisition ou l'usage de ressources.

Cependant, l'incompatibilité des buts et les controverses sur les ressources entretiennent parfois des relations d'interdépendance. Si dans une famille la coopération conjugale est favorable au bien-être du nouveau-né et qu'à l'occasion d'un

23. A. Rapoport, *op. cit.*

rhume les époux se chamaillent sur l'administration d'un médicament au tout petit, l'objet du conflit est réduit à l'usage d'une ressource.

Les traits essentiels du conflit — la dépendance réciproque des acteurs, l'antagonisme variable des buts, la lutte pour l'acquisition ou l'usage des ressources — suggèrent le rapprochement avec les phénomènes de concurrence [24]. Le conflit, nous semble-t-il au contraire, se distingue de la concurrence. Lors d'un conflit, ego déploie à dessein des *activités de blocage* qui gênent les activités d'autrui. Certes l'antagonisme des objectifs, les empoignades à propos des ressources transparaissent dans les situations de concurrence mais, quoi qu'il en soit, les protagonistes ne font pas obstacle à l'activité des membres du système d'action. En somme dans les faits de concurrence, la lutte est parallèle comme lors d'une course d'athlètes ; par contre, une rixe de loubards est une situation de conflit : les partenaires entretiennent des rapports inéluctables de dépendance. Sur les foires à bestiaux les maquignons rivalisent pour acquérir le cheptel des éleveurs ; les marchands manipulent des ressources sans pour autant faire obstruction aux entreprises des collègues.

Précisément *les conflits se manifestent dans les zones d'activités qui laissent poindre l'option de manœuvres de blocage*. Ces dernières perturbent à l'occasion (i) les rapports de dépendance réciproque entre les acteurs sociaux. Ainsi, les modalités de la division du travail dans un atelier de couture donnent-elles lieu de temps à autre à des conflits : les ouvrières qui travaillent en amont sur la chaîne n'approvisionnent pas avec régularité les couturières en aval. (ii) La possession et l'emploi des ressources suscitent ici et là des discordes : des mineurs d'une carrière d'ardoises s'arrangent avec les conducteurs pour disposer des wagonnets alloués aux équipes voisines ; le cas échéant les ardoisiers mettent hors d'usage les chariots affectés aux compères du chantier. Enfin, par suite de (iii) l'antagonisme des objectifs, ego entrave les activités d'alter. Dans un salon

24. V. Aubert, « Competition and Dissensus : Two Types of Conflict and of Conflict Resolution », *Journal of Conflict Resolution*, VII, 1, 1963, pp. 26-42.

de couture, l'intérêt bien compris des découpeuses rétribuées aux pièces est sans doute de « faire du nombre », fût-ce au prix de la colère probable des petites mains soucieuses de la qualité des tailleurs.

Examinons sous cet angle les principaux types de conflits présents dans les bureaucraties privées ou d'Etat. L'action collective qui rassemble les membres d'une organisation prédispose à la venue de situations conflictuelles par suite des phénomènes de dépendance réciproque. En premier lieu *les conflits de négociation* sont familiers. Ces épisodes surviennent lors des discussions budgétaires entre les services ou à l'occasion du renouvellement des accords salariaux. Les acteurs s'affrontent par suite d'écarts entre les ressources disponibles et les demandes des groupes et des individus. Dans ces circonstances les empoignades peuvent être serrées mais deux traits contraignent les conflits de négociation aux compromis : les enjeux concernent en général des biens divisibles par suite de leur nature de ressource utilitaire ; de plus, les protagonistes hésitent en dernière instance à maintenir des revendications excessives, puisqu'à terme la survie de l'organisation est un butoir qui donne à réfléchir.

Les conflits bureaucratiques ne sont pas moins coutumiers ou plutôt ils meublent de façon lancinante le ron-ron quotidien des organisations complexes. L'organigramme hiérarchique d'une firme ou d'une administration définit des rapports d'autorité entre les supérieurs et les subalternes. De part et d'autre, ces liens d'autorité délimitent des attentes réciproques et, qui plus est, formellement circonscrites. En général des conflits bureaucratiques naissent quand les attentes réciproques ne coïncident pas : si les supérieurs désirent étendre un contrôle refusé par les employés, ceux-ci résistent et la tendance des « chefs » et des directions est alors d'étendre le champ des règlements pour asseoir de nouveaux rapports d'autorité. Selon toute vraisemblance, les employés rechignent puisqu'ils éprouvent le sentiment d'une perte d'autonomie. En conséquence, le recours au formalisme qui était supposé gommer les tensions entraîne les conflits bureaucratiques dans une spirale de rancunes.

Enfin, les phénomènes d'interdépendance nourrissent les

conflits de coordination. Par rapport aux conflits bureaucratiques les liens d'autorité font place à des relations de dépendance réciproque. L'exemple caractéristique dont nous nous sommes entretenus dans le chapitre consacré au pouvoir [25] est, dans une firme, celui des rapports entre le service des ventes et celui de la production. Brièvement : plus ces services utilisent des ressources communes, plus les activités respectives dépendent les unes des autres, plus la discrétion s'insère dans les rapports inter-services, plus les chances sont grandes qu'apparaissent des conflits de coordination.

Dimensions cognitives des conflits. — La stabilité est un état étranger aux phénomènes conflictuels. Les actions et les réactions des protagonistes constituent des séquences qui se développent. D'abord, la naissance de conflits présuppose *des états de déséquilibres* au sein d'un système d'action. Tout simplement, des « problèmes » se font jour. Il y a « problème », dirons-nous, lorsque des acteurs perçoivent des écarts entre (i) ce qui est, (ii) ce qui pourrait être et (iii) ce qui devrait être [26]. Dans cette conjoncture, les individus ou les groupes sont sensibles à des expériences de frustration : les primes reçues par ego contrarient alter, son collègue de bureau ; ou encore, les deux compères se plaignent de l'autoritarisme du directeur qui outrepasse les rôles attachés à sa fonction. Cette phase de la genèse des problèmes précède le moment crucial de la traduction des déséquilibres dans un langage conflictuel.

En pratique, la phase de traduction d'un problème en conflit équivaut à des procès de définition. Les délégués syndicaux demandent des hausses de salaires pour tous tandis que les dirigeants de l'usine entendent les limiter à la catégorie des manœuvres. Plus particulièrement la définition du problème varie selon l'*égocentrisme* des acteurs : dans quelle mesure les protagonistes prennent-ils en compte les

25. Cf. *supra*, chapitre V.

26. Ce modèle est développé dans « La lutte politique quotidienne », in J.G. Padioleau, *L'Etat au concret*, *op. cit.*

points de vue d'alter ? Lors d'un conflit du travail l'argumentaire syndical se résume parfois à dire : « Nous voulons ça, les patrons ceci » ; dans d'autres circonstances les syndicalistes déclarent : « Tout le monde mérite des augmentations mais la concurrence japonaise heurte l'entreprise ». L'attitude égocentrique influence le dessein des répertroires des actions construites par les partenaires. D'autre part, la capacité stratégique de l'homo sociologicus cognitif lui permet d'apprécier, fût-ce au prix d'erreurs, les gains et les inconvénients respectifs des actes possibles et probables. Ainsi les acteurs forment-ils des images d'ensemble du conflit illustrées par la *figure 1.* L'abscisse représente le taux de satisfaction d'alter perçu par ego ; l'ordonnée correspond à celui d'ego. Au point C la satisfaction des parties en présence est maximale et inversement dans la position D, la coordonnée A traduit les bénéfices d'ego mais au préjudice des vis-à-vis ; le point central E dénote une situation moyenne de satisfaction réciproque. Lorsque les actions s'éloignent du point C, les individus affrontent une situation de « conflit d'intérêt » : les faits et gestes projetés ne permettent pas de contenter tout à fait et simultanément les acteurs sociaux [27].

Ces images prédisposent les protagonistes à faire montre de postures qui influenceront les conduites ultérieures — et dont les plus communes sont consignées dans la *figure 2* : (i) la domination ; (ii) l'altruisme ; (iii) le compromis ; (iiii) la collaboration et (iiiii) l'indifférence.

Toutefois de telles prédispositions évoluent et l'on ne saurait trop souligner la nature dynamique des phénomènes de conflit. Un conflit se déploie, il se « déroule » serait mieux dire : les acteurs sociaux modifient leurs préférences, les enjeux disparaissent, de nouveaux protagonistes interviennent ; de même, les conflits s'engagent dans des escalades de tension ou, à l'inverse, les hostilités se dissipent.

---

27. R.R. Blake *et al.*, *Managing Intergroup Conflicts in Industry*, Houston, Gulf Publishing, 1964.

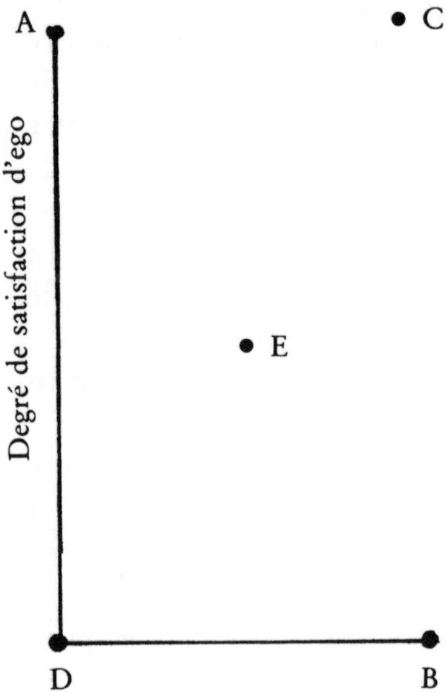

Degré de satisfaction d'autrui

(Fig. 1)

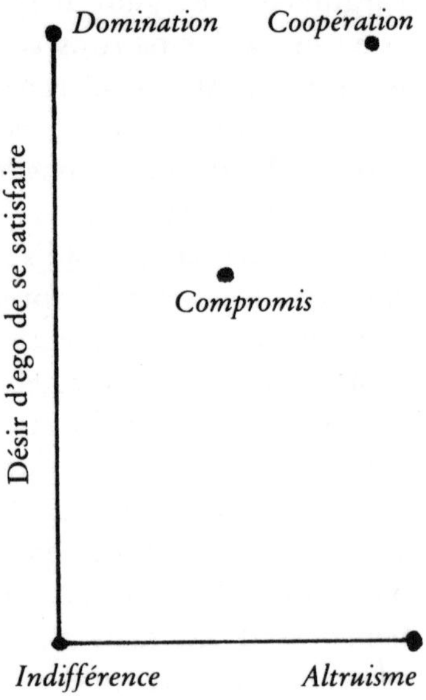

Désir d'ego de satisfaire autrui

(Fig. 2)

adapté de R.R. Blake *et al, op. cit.*

Les phénomènes d'escaldade résultent de quelques processus-types [28] :

(i) les acteurs se livrent à des activités de *ré-évaluation* des enjeux, des ressources, des opposants ou des alternatives d'action ;

(ii) les acteurs deviennent sensibles à des phénomènes *d'auto-réalisation (self-fulfilling prophecy)*. Ego interprète les attitudes et les conduites d'alter à l'aide de répertoires d'images qui remplissent des fonctions de stéréotypes. Si égo se représente alter sous le visage d'un dominateur, quoi qu'en fasse alter, la tendance première d'ego est de percevoir les actes d'autrui selon cette image. Ces représentations

28. Cf. sur ce point la recension de K. Thomas, « Conflict and Conflict Management », in *Handbook of Industrial Psychology*, Chicago, Rand MacNally, 1976, pp. 889-935.

consolident les images réciproques et partant elles entretiennent le conflit ;

(iii) l'intensité des conflits croît par suite *de défaillances dans les rapports de communication.* Les protagonistes se méprennent sur leurs positions respectives ; les acteurs sous-estiment les ressources dont ils se prévalent.

Enfin, un trait des conflits mérite une remarque. Le déroulement, les résultats des épisodes de conflits s'inscrivent dans des mémoires individuelles et collectives. Les expériences passées influencent les rapports futurs et, si l'on nous permet cette image, les conflits « s'emboîtent » les uns dans les autres. En particulier, les faits de mémoire conflictuelle exercent une forte emprise dans les grèves ouvrières, ce qui n'échappe pas au regard du romancier quand il nous conte les grèves de Draveil-Villeneuve-Saint-Georges brisées par Clemenceau (1908) :

> « Il faisait si beau ! nom de Dieu ! Que je pensais comme eux quand tout d'un coup, des cris arrivent et ça bougeait là-bas. Les chevaux venaient sur nous. Ah ! Les salauds ! Ils chargeaient ! On cavale de tous côtés. On se dirigeait donc en vitesse vers la gare de Villeneuve, on grimpait sur le talus de la grande Ceinture qu'est là... Mais ils étaient sur nous et ils y allaient de bon cœur ! Ils nous délogeaient de la voie du chemin de fer, et brutalement je t'assure ! Vive le 17e ! qu'on criait. A bas les assassins ! Enfin on tombe en paquets à Villeneuve où on se battait. La gare était gardée, plus moyen de partir ! Après çà, je ne sais plus bien ce qui s'est passé, on était abrutis de rancœur et de chaleur. Je venais d'apercevoir Monatte et j'allais vers lui. Il était à côté de Dret. Il y eut des cris, des coups de feu, des pierres lancées contre la troupe... et voilà Dret qui tombe à côté de Monatte. Et un autre. Et d'autres encore. Ah ! Les salauds ! Le 29e Dragon a bien mérité de la patrie ce jour-là. « Je m'en rappellerai » toujours de leur numéro. J'ai vu Dret s'affaisser et l'autre copain. Et c'est un peu après que j'ai reçu le coup de sabre d'un de ces enfants de salauds du « 29 ». Le sabre a glissé sans ça il m'estropiait pour la vie, le ganache ! Ça me brûlait, je sentais que ça se collait, j'osais pas remuer le bras. Un copain m'entraîne chez une bonne femme. Là, j'ai dégueulé d'abord et bu un ou deux petits verres pour me remettre. J'étais dans un fauteuil où j'ai roupillé jusqu'au lendemain, saoulé de rage et de fatigue. Ma bourgeoise s'est fait un mauvais sang, car j'étais, bien entendu, venu après le Petit Parisien chez nous, et l'on parlait des blessés en ne donnant que quelques noms. Maintenant quand j'essaye de comprendre ce qui s'est passé là-bas je ne peux voir clairement les choses » [29].

---

29. H. Poulaille, *Les Damnés de la terre, 1906-1910*, Paris, Grasset, 1935, cité par J. Julliard, *Clemenceau, Briseur de grèves*, Paris, Julliard, 1965, pp. 197, 199-200.

LA LUTTE SOCIALE

Dans un essai sur l'ordre, ces grandes occasions de la classe ouvrière incitent à s'informer sur la lutte sociale. Lutte sociale ? Ainsi, suggérons-nous de traduire l'expression anglo-saxonne de « social conflict » afin de distinguer la lutte sociale des antagonismes et des tiraillements multiformes de la vie des bureaux ou des familles. La formule, « lutte sociale » met en valeur le caractère d'opposition parfois violente entre les protagonistes, chacun s'efforçant de faire triompher la cause de sa classe ; dès lors la lutte sociale évoque des conflits dont les enjeux ipso facto ou à terme recouvrent des modalités fondamentales de l'organisation d'une collectivité. Si ce thème d'enquête préoccupe K. Marx, G. Simmel et des auteurs de renom (L.A. Coser, R. Dahrendorf), nous nous dispenserons de passer en revue leurs travaux, comme on le dit des enfants de troupe, pour s'en tenir à une mise en forme des principales propositions de L.A. Coser sur la lutte sociale [30].

Les luttes sociales naissent du *mécontentement des acteurs sociaux vis-à-vis de l'allocation des ressources fondamentales d'une collectivité* : la richesse, le pouvoir et le prestige. Cette prise de conscience soumet à la question la légitimité des institutions ou des autorités responsables de l'allocation des ressources rares. Deux conditions prédisposent à des crises de légitimité : (i) lorsqu'une collectivité n'offre que peu d'occasions ou de moyens aux critiques pour s'exprimer, les chances ne sont pas minces qu'un jour des passions de mécontentement se cristallisent, (ii) le ressentiment risque d'autant plus de grandir que la circulation des élites dirigeantes ou les flux de mobilité sociale ascendante apparaissent faibles ou nuls aux acteurs éprouvant ces sentiments de frustration. Ces derniers deviennent prégnants si des faits de socialisation les appuient : parfois — ou

---

30. *Op. cit.* Cet exercice s'inspire aussi de la présentation de J.H. Turner, *The Structure of Sociological Theory*, Homewood, Illinois, Dorsey Press, 1974, chap. VII, pp. 106-121.

souvent — les expériences d'apprentissage précoce, jointes à celles du jeune adulte, créent des attentes de réussite sociale ou de changement libérant des envolées d'aspirations ; de même, dans certaines circonstances, des institutions de contrôle social, comme les Eglises ou les familles, relâchent parfois leur emprise, favorisant ainsi les crises de légitimité [31]. Ces dernières se caractérisent par des conflits d'une *intensité* variable ou par des rapports d'une *violence* plus ou moins forte. L'intensité d'une lutte sociale montre l'ampleur de l'engagement des ressources dont les protagonistes semblent prêts à faire usage ; la violence réfère au taux de combativité des parties en présence.

Les variables d'intensité et de violence révèlent des fluctuations eu égard à *l'investissement affectif* des acteurs engagés dans une lutte. Nul ne l'ignore : les combats entre frères ennemis sont en général « sanglants » par suite de l'affectivité dans laquelle baignent les opposants ; au sein d'un hameau ou dans une entreprise familiale les luttes sociales se distinguent, quand elles font surface, par des rapports conflictuels vifs. De son côté, *le caractère plus ou moins rigide des structures sociales* exerce de l'influence. L'absence ou le petit nombre de canaux d'expression concourent au cumul des griefs, lesquels, quand ils se révèlent, donnent naissance à des conflits intenses. En particulier, la lutte sociale peut recouvrir des *enjeux limités ou généraux*. Les enjeux limités ou « réalistes » dans le langage de L. Coser correspondent à des buts circonscrits reliés directement au bien-être, matériel au premier rang, des acteurs. Ceux des enjeux qualifiés de « généraux » s'inscrivent plutôt dans la sphère du symbolique-normatif : au cours d'une grève, la reconnaissance de son existence en tant que groupe social importe parfois plus à la classe ouvrière que les gains utilitaires. De tels enjeux encouragent l'arrivée de tensions aiguës si les valeurs auxquelles renvoie la lutte touchent des questions centrales comme celles de l'identité des partenaires ; à l'inverse, les formulations en terme de

31. Raymond Boudon, « La crise universitaire française : essai de diagnostic », *Annales*, vol. 24, n° 3, 1969, pp. 738-764.

gains et d'inconvénients prédisposent à des attitudes de composition. Enfin, un phénomène concourt fortement à l'amplitude des luttes sociales : *le degré d'objectivation collective des conflits*. Dans quelle mesure des idéologies permettent-elles d'unifier les ressentiments et de situer les aspirations individuelles dans l'ordre de l'action collective ? L'objectivation collective réduit les attitudes d'indifférence ou les envies de défection : les participants d'une lutte sociale s'épanouissent dans les passions de la demande collective.

La *clarté des buts* d'une lutte sociale influence sa durée. Les chances de négociation augmentent quand les partenaires perçoivent avec acuité leurs objectifs respectifs. En outre, le devenir d'un conflit dépend des *images réciproques* construites par les protagonistes sur ce que constitue une *défaite* ou une *victoire*. L'ignorance ou la méconnaissance des situations de victoire et de défaite prolongent le déroulement d'un conflit : les acteurs sociaux doivent les découvrir « coups par coups » et « coups pour coups ». Par ailleurs, la durée d'une lutte résulte de la *capacité des leaders*, d'une part, à apprécier les bénéfices et les inconvénients des rapports conflictuels et, d'autre part, à faire prévaloir auprès des groupes qu'ils représentent la nécessité de mettre un terme à un conflit.

Enfin, la lutte sociale s'accompagne de conséquences fortuites ou qui n'ont rien d'inattendu. Ici et là les phénomènes de lutte *transforment les acteurs* : (i) des luttes intenses sédimentent les sentiments d'identité, comme ceux de la conscience de classe : les rapports d'opposition concrétisent l'existence réciproque de la bourgeoisie et de la classe ouvrière ; (ii) les conflits peuvent être propices à l'organisation collective des acteurs tandis qu'ils incitent (iii) à mettre au pas les individus et les groupes résignés ou défecteurs. Plus encore, l'observateur ne saurait oublier les effets qui atteignent l'entité du *système d'action* : (i) les circonstances de luttes avertissent un système, et singulièrement les institutions de pouvoir qui l'orientent, de la nécessité de s'adapter, voire pour survivre (ii) de découvrir des procédures inédites d'intégration des membres qui le constituent.

Le bel ouvrage d'A. Gouldner, *Wildcat Strike* (La grève sauvage) illustre fort bien ces phénomènes d'interdépendance des événements et d'enchaînement des conséquences [32]. Dans une commune rurale américaine, les mineurs d'une carrière de gypse jouissent du « style bienveillant » d'autorité de la direction de l'usine. Le directeur, personnage familier, accorde une grande liberté d'exécution dans le travail ; les ouvriers peuvent emprunter les outils de l'entreprise pour effectuer des travaux de bricolage ; les travailleurs entretiennent des rapports de bon voisinage sinon d'amitié avec l'encadrement — lequel d'ailleurs réside depuis longtemps dans la petite localité. Bref, en dépit des bas salaires qui sont la règle, l'usine fonctionne dans une « bonne ambiance ».

Un beau jour, le siège social du groupe industriel dont dépend l'usine perturbe la stabilité de ce système. Des managers, mâtinés de gestion moderniste et soucieux d'accroître le rendement, interviennent. Nomination d'un directeur étranger à la communauté — et dont l'un des premiers gestes est de mettre un terme au « style bienveillant » d'autorité. Surprise des ouvriers : mécontents, ils se mettent en grève. Paradoxe ! Les revendications ouvrières ne disent mot des rapports de commandement : les demandes portent sur des augmentations de salaires. Tout se passe en effet comme si les questions d'autorité étaient un problème non négociable. Assurément les attentes informelles constitutives du style bienveillant reposent sur une légitimité ambiguë et floue. Si les ouvriers se saisissent du problème, sans coup férir, ils interpellent les prérogatives de la direction. Par contre, les revendications salariales apparaissent légitimes dans le cadre du système des relations professionnelles d'outre-Atlantique.

Fin du conflit. Un accord salarial est signé mais l'usine affronte jour après jour des conflits d'ateliers qui se traduisent par une grève sauvage. Le sentiment d'avoir réglé le problème incite les gestionnaires modernistes à agir :

32. A.W. Gouldner, *Wildcat Strike*, New York, Harper, 1963. Cet ouvrage est commenté en détail par D. Silverman, in *La théorie des organisations*, Paris, Dunod, 1973, pp. 135-144.

engagement de contremaîtres qui exercent un pouvoir formel très strict ; introduction de machines qui modifient les cadences et les conditions de travail. Le plus grand nombre des ouvriers rechigent ; le désintérêt au travail croît. Côté direction : « il n'est pas question de céder » et de « revenir au bon vieux temps ». La suspicion s'amplifie : les actes réciproques des protagonistes renforcent les exigences. La direction, ignorante et hostile aux modes informels d'encadrement, perçoit dans une surveillance plus stricte des travailleurs la solution au conflit et, pour ce faire, elle multiplie les règlements. Bien sûr, les ouvriers résistent ; les cadres réagissent : « ils serrent la vis ». Au terme d'une grève sauvage agitée, les partenaires apposent leur signature à un accord qui institutionnalise la bureaucratisation de l'usine : définitions précises des statuts et des rapports qui peuvent s'établir entre les cadres et les ouvriers. Le « style bienveillant » d'autorité a vécu.

Du point de vue des gestionnaires modernistes, en plus des exigences de productivité, le « style bienveillant » d'autorité s'apparente à un système d'action instable. Les attentes mal définies accentuent tout à la fois l'ignorance et l'incertitude des dirigeants. A cette intégration, au sein de laquelle prédominent des ressources normatives, les gestionnaires préfèrent des relations contractuelles à base d'utilités (politique salariale). Mais précisément, une fois les récompenses utilitaires accordées, les dirigeants ressentent le droit d'entreprendre des actes de coercition si les circonstances l'exigent. Toutefois le système n'acquiert une relative stabilité qu'au terme d'une nouvelle redéfinition des ressources normatives. Fût-ce au prix d'une bureaucratisation poussée mais dans laquelle il faut voir un mode d'adaptation du système.

Ouvrages et articles de référence

V. Aubert, « Competition and disensus : two types of conflict résolution », *Journal of Conflict Resolution*, 1963, *7*, 1, pp. 26-42.

L. Kriesberg, *The Sociology of Social Conflicts*, Englewood Cliffts, New Jersey, Prentice Hall, 1973.

S. Mennell, *Sociological Theory*, New York, Praeger, 1974.

A. Oberschall, « Theories of Social conflict », *Annual Review of Sociology*, 1978, 4, pp. 291-315.

J.D. Reynaud, G. Adam, *Conflits du travail et changement social*, Paris, P.U.F., 1978.

A. Strauss, *Negotiations*, San Francisco, Jossey-Bass, 1978.

CONCLUSION

DEUX PASSIONS GÉNÉRALES ET DOMINANTES

« Mais dans la nuit d'épaisse obscurité qui enveloppe la plus haute antiquité, si éloignée de nous, brille la lumière éternelle et jamais défaillante d'une vérité au-delà de toute question, à savoir que le monde de la société civile a certainement été fait par l'homme et que ses principes sont par conséquent à trouver dans les modifications de notre propre esprit humain. »

Giambattista Vico (1744)

« Il demande à chaque idée — Qui sers-tu ? » ainsi s'exprime un personnage de B. Brecht [1]. Il faut en effet revenir aux propos d'entrée de cet ouvrage. Cahin-caha les spécialistes de l'ordre social placent leurs démarches sous un firmament d'idées reçues plus ou moins conformes aux exigences de la lutte pour la vie dans les cités scientifiques ou relevant de l'esprit du temps et de l'idiosyncrasie. « Il n'y a que les empiristes naïfs pour voir dans la connaissance scientifique un pur reflet de monde extérieur... les produits de la recherche scientifique ne sont pas les fruits d'une immaculée « conception », déclare avec bonhomie T. Parsons [2].

---

1. B. Brecht, « Eloge du révolutionnaire », *La Mère*, Théâtre complet, tome 3, L'Arche, 1959, p. 179.
2. T. Parsons, « Evaluation and objectivity in social science : an interpretation of Max Weber's contribution », in T. Parsons, *Sociological theory and modern society*, New York, Free Press ; London, Collier-Macmillan, 1967, 564 pages, pp. 79-102.

Certes. Mais tout ceci n'exclut pas un débat critique d'une rigueur raisonnable ni la mise à jour de résultats susceptibles de rencontrer un large assentiment. Outre l'observance de principes rigoureux d'analyse et d'enquête — qui permet somme toute une bonne hygiène de la vérification —, l'art de bien se conduire exige de l'analyste qu'il s'inflige la question de ses « croyances » et de ses « passions ». Formulées en des termes qu'appréciait Tocqueville, deux « passions générales et dominantes », sans pour autant appartenir à la classe des « croyances dogmatiques », bornent, comme on le dit d'une vigne, les contours de cet essai.

Une passion initiale a guidé la recherche d'un portrait réaliste de l'*Homo sociologicus cognitif* : le souhait — dont il appartient au lecteur d'apprécier la pertinence et les performances — de parer à l'accueil des variantes du naturalisme psychologique et du sociologisme. A l'évidence, les communautés de savants ne font pas grand cas, bien qu'aujourd'hui en ces matières il faille être des plus circonspects, d'un naturalisme psychologique selon lequel des traits durables, sans doute innés, prédisposaient des individus à la violence, aux humeurs démocratiques ou aux personnalités autoritaires. Par contre, des cohortes de clercs en science sociale s'en tiennent, comme disait E. Cassirer, au « réalisme naïf » d'une emprise radicale du milieu sur les individus et les groupes. Redisons à ce propos l'une des idées-fixes des chapitres précédents : *notre perpective d'étude s'écarte du débat qui impose de choisir entre le primat de l'individu et celui du milieu afin de promouvoir le principe d'une interaction dynamique entre le développement propre d'ego et l'influence des institutions.* Sur l'autre versant, l'image d'un sujet souverain est une figure exagérée quand l'on déclare : « Nous avons constaté que personne, nulle part, ne commande personne »[3]. De façon polémique l'*Homo sociologicus cognitif* rivalise ainsi avec les procédures d'inculcation vulgarisées sous l'étiquette des appareils idéo-

3. E. Friedberg, *Le Point*, n° 267, 31 octobre 1977, p. 180.

logiques d'Etat (A.I.E.). Ce corps d'opinions — auquel s'attache le nom de L. Althusser — représente l'élixir du sociologisme populaire [4].

---

4. J. Molino en décortique le bricolage quand il écrit : « Les idées-actes de l'individu ne sont pas sa création propre, ils existent d'abord sur le mode collectif : « L'individu en question se conduit de telle ou telle manière, adopte tel ou tel comportement pratique, et, qui plus est, participe à certaines pratiques réglées qui sont celles de l'appareil idéologique dont « dépendent » les idées qu'il a librement choisies en toute conscience, en tant que sujet » (L. Althusser, « Idéologie et appareils idéologiques d'Etat », *La Pensée*, juin 1970, p. 27). Les appareils idéologiques d'Etat sont sans doute une grande nouveauté dans le vocabulaire et dans la philosophie marxiste ; ils sont, depuis les débuts de la sociologie, une banalité. Ce que Althusser appelle appareil idéologique, c'est ce que Durkheim appelait institution : « Mais pour qu'il y ait fait social, il faut que plusieurs individus tout au moins aient mêlé leur action et que cette combinaison ait dégagé quelque produit nouveau. Et comme cette synthèse a lieu en dehors de chacun de nous (puisqu'il y a une pluralité de consciences), elle a nécessairement pour effet de fixer, d'instituer hors de nous de certaines façons d'agir et de certains jugements qui ne dépendent pas de chaque volonté particulière prise à part. Ainsi qu'on l'a fait remarquer, il y a un mot qui, pourvu toutefois qu'on en étende un peu l'acception ordinaire, exprime assez bien cette manière d'être très spéciale : c'est celui d'institution. On peut en effet, sans dénaturer le sens de cette expression appeler *institution*, toutes les croyances et tous les modes de conduite institués par la collectivité ; la sociologie peut alors être définie : la science des institutions, de leur genèse et de leur fonctionnement » (E. Durkheim, *Les Règles de la méthode sociologique*, Paris, PUF, 1967, p. XXII.)
Relisons la liste des appareils idéologiques d'Etat donnée par Althusser : l'Eglise, l'école, la famille, le droit, le système politique, les syndicats, l'information, la culture. Il s'agit de réalités hétérogènes qui, pour le sociologue, appartiendraient à des niveaux distincts de la société, puisqu'on y trouve des associations (les syndicats), des systèmes de règles (l'AIE juridique), des instructions (l'école), des domaines mal délimités (l'AIE culturel). L'important est que, sous une forme confuse, Althusser introduit dans la philosophie marxiste les données qu'étudie la sociologie bourgeoise et qui n'avaient, dans la tradition dogmatique, aucune place, écrasées entre les rapports de production et l'idéologie au sens général du mot (« Les rapports de production antérieurs des individus entre eux s'expriment nécessairement aussi sous forme de rapports politiques et juridiques ») ; sous le nom d'appareils idéologiques d'Etat, c'est tout le contenu conceptuel de la sociologie qui pénètre dans le marxisme, organisations, groupes et institutions dont le seul caractère commun est de ne pouvoir être directement rattachés aux rapports de production. Mais, en même temps, Althusser se refuse à les décrire empiriquement — ce serait faire de la sociologie — ; il leur donne une existence à moitié réelle et à moitié illusoire : ce sont bien des données matérielles — des appareils —, mais d'un côté ce sont des appareils d'Etat, ce qui permet de les ramener à l'Etat, c'est-à-dire à la classe dominante (« L'Etat, qui est l'Etat

Au risque de surprendre, la seconde « passion » qui habite cet essai est dans le sentiment d'une insuffisance radicale du cadre de pensée utilitariste. Ces temps derniers — bien qu'il y ait belle lurette qu'aux yeux d'E. Durkheim, de M. Weber ou de T. Parsons, la cause de l'*utilitarisme rustique* soit entendue — un groupe d'économistes anglo-saxons accompagnés de quelques disciples européens s'efforcent de lui rendre son souffle [5]. L'utilitarisme dont les faire-valoir se gargarisent revient à dire en langage populaire : « l'homme a un comportement relativement rationnel [6] et ses choix sont dictés par la recherche de son plus grand avantage » [7]. En des termes plus apprêtés l'acteur de l'utilitarisme est un individu isolé qui, cherchant son intérêt, calcule les moyens lui permettant de maximiser ses objectifs [8].

---

de la classe dominante, n'est ni public ni privé, il est au contraire la condition de toute distinction entre public et privé »), et ce sont d'un autre côté des appareils idéologiques, ils « fonctionnent » à l'idéologie, et s'épuisent dans cette fonction. Les appareils idéologiques d'Etat continuent la répression, celle des autres appareils d'Etat, mais avec d'autres moyens : ce n'est plus la violence pure, c'est, selon la formulation méthodologiquement identique de Bourdieu et Passeron, la violence symbolique ». (J. Molino, « Critique Sémiologique de l'idéologie », *Sociologie et Sociétés*, V, 2, 1973, pp. 17-45 : pp. 34-35.

5. Nous employons volontairement l'expression « utilitarisme rustique » — c'est-à-dire très simple, peu raffiné — puisque les auteurs classiques de l'utilitarisme (A. Smith, John Stuart Mill) ne sombrent pas dans la rationalité technico-économique de J.M. Buchanan, *The Limits of Liberty : Between Anarchy and Leviathan*, Chicago, University of Chicago Press, 1970 ; F. Hayek, *op. cit.* ; J.S. Coleman, *Power and the Structure of Society*, New York, Norton, 1974 ; G.S. Stigler, « Smith's-Travels on the Ship of State », in A.S. Skinner, T. Wilson (sous la direction de) *Essays on Adam Smith*, Oxford, Oxford University Press, 1976, pp. 237-246, etc. Les essais de H. Lepage vulgarisent fort bien le courant de l'utilitarisme rustique anglo-saxon, H. Lepage, *Demain le capitalisme*, Paris, Pluriel, Le Livre de poche, 1980 ; *Demain le libéralisme* (*id.*), 1981. Les écrits classiques de l'utilitarisme ont été commentés avec prudence et finesse par Ch. Camic, « The Utilitarians Revisited », *American Journal of Sociology*, 1979, 85, 3, pp. 516-550 ; Cf. aussi D. Winch, *Adam Smith's Politics : an Essay in Historiographic Revision*, Cambridge, Cambridge University Press, 1978.

6. C'est-à-dire au sens de « rationalité technico-économique », cf. *infra*.

7. J.J. Rosa, « Que veulent les nouveaux économistes ? », *L'Express*, 5-11 juin 1978, p. 160.

8. Nous reprenons ici l'argument général de T. Parsons sans pour autant suivre son interprétation des grands auteurs utilitaristes, T. Parsons, *The Structure of Social Action*, New York, The Free Press, 1968 ; cf. à ce sujet. Ch. Camic, *op. cit.*

Si nous prenons l'utilitarisme rustique au pied de la lettre, la figure de l'ordre social qui en résulte devient paradoxale. Ici, les acteurs sont des souverains qui choisissent comme bon leur semble les fins des actions à entreprendre ; à lui tout seul le postulat d'une rationalité technico-économique de maximisation de l'utilité régularise l'arbitraire dans le choix des fins. Pour en finir avec l'utilitarisme rustique, soyons bon joueur et voyons à l'œuvre les principes de l'utilitarisme. Par chance, un paysan aragonais découvre une source dont l'écoulement permettrait d'irriguer d'éventuelles cultures en terrasse dans cette région aride. L'eau devient sa propriété — sous réserve que les habitants du village ne la revendique. A l'expérience, cette propriété n'est pas évidente, mais dépend des us et coutumes en vigueur dans ces contrées montagnardes ; ou encore une violente sécheresse nécessite l'arrosage des propriétés voisines. Le paysan aragonais peut refuser l'accès à l'eau dans la mesure où il dispose de ressources pour se défendre. Dès lors, le risque est grand que s'engage, comme disait Hobbes, la « guerre de tous contre tous » si le fermier perdure dans l'ambition de maximiser son utilité. Ce croquant réussira peut-être à garder l'eau de la source, mais il n'est pas exclu que, profitant de l'obscurité, les voisins viennent détruire ou chaparder ses récoltes. A terme, les parties en présence auront toutes les chances d'être perdantes bien qu'un accord collectif leur eût permis d'assurer un bien-être supérieur.

Ainsi l'utilitarisme se réduit-il à un dilemme à présent familier, celui du prisonnier. *Au sein d'un système de dépendance réciproque l'utilitarisme rustique entraîne les acteurs sociaux dans des rapports d'une instabilité fondamentale, lesquels frôlent sans cesse l'auto-destruction ou l'obsession d'un pouvoir-Léviathan.* Le défunt maître de Harvard, T. Parsons, aimait fixer dans la mémoire de générations d'étudiants ces phrases décisives : « Une société utilitariste pure est chaotique et instable par suite de l'absence de limites dans l'usage des moyens et plus spécialement en ce qui regardent la force et la fraude. L'utilitarisme se condamne à une lutte infinie pour le pouvoir » [9]. De fait, la précarité qui s'y exerce est celle d'une incertitude absolue : les sujets souverains de l'utilitarisme rustique ne peuvent anticiper de rapports stables, puisqu'à tout instant, à tout moment,

9. T. Parsons, *op. cit.*, 1968, pp. 93-94.

n'importe quand ego et alter se dérobent si leurs calculs d'utilité l'exigent. Or dans les œuvres de l'action collective volontaire, la confiance d'alter gage l'entrée d'égo dans le contrat. Ce crédit exige donc que la confiance se situe ailleurs, au-delà du calcul de l'utilitarisme rustique. A défaut de cet impératif, qu'il faut bien appeler normatif, l'utilitarisme s'échoue dans l'ordre hobbésien de la contrainte. Situation cocasse — mais dont la singularité ne prête guère à sourire : les porte-voix de l'utilitarisme rustique qui de nos jours se réclament de l'estampille du libéralisme politique échouent dans l'ordre centralisé et osons le mot, autoritaire [10].

Restons sérieux. Et pour ce faire jetons un œil sur un essai d'un prix Nobel d'économie qui vilipende le Maître Adam Smith [11]. Ni plus, ni moins. G. Stigler interpelle A. Smith : « Si l'intérêt personnel guide la conduite des activités commerciales, pourquoi n'en serait-il pas de même dans la sphère des affaires politiques ? ». Or, selon l'économiste de l'Université de Chicago, A. Smith rechigne à sauter le pas. Certes, G. Stigler en convient, A. Smith ne balance pas par-dessus bord les motivations utilitaires. Ainsi, les interventions réglementaires de l'Etat profitent-elles souvent à des intérêts particuliers. Dans des pages célèbres des *Recherches sur la nature et les causes de la richesse des nations*, les planteurs de tabac retirent des bénéfices par suite des droits de culture qui leur sont réservés ; le statut des apprentis avantage les patrons, et ainsi de suite. En vérité, lorsque A. Smith réfléchit au pouvoir politique, l'essentiel lui semble ailleurs : les activités parlementaires ou celles des groupes d'intérêt qui aujourd'hui retiennent l'attention du prix Nobel sont subsidiaires au problème fondamental de la société politique : faire vivre ensemble des hommes grâce à une règle de Droit reconnue au préalable comme légitime par tous. Bien sûr, le législateur qui promulgue des textes ou qui

---

10. Cf. à titre d'exemple, J.M. Buchanan, *op. cit.* ; J.S. Coleman, *op. cit.*, et les commentaires de R. Münch, « Talcott Parsons and the Theory of Action », *American Journal of Sociology*, 1981, *86*, 4, pp. 709-739.

11. G.J. Stigler, « Smith's Travels on the Ship of State », *History of Political Economy*, 1971, 3, p. 26.

les met en œuvre s'imprègne de considérants utilitaires ou tout bonnement pratiques, mais simultanément la connaissance de ce qui semble, à tort ou à raison, « juste » (« *right* ») guide les entreprises du Souverain. [12].

L'œuvre d'A. Smith est en effet traversée par ce que les spécialistes d'outre-Rhin appellent « *das Adam Smith Problem* ». A lire ce dernier, et singulièrement dans ses ouvrages, *The Theory of Moral Sentiments ; Lectures on Justice, Police, Revenue and Arms* [13], Smith n'enferme pas le bonheur des citoyens dans l'utilité individuelle ; ce bien-être s'englobe simultanément dans des relations de *sympathie* avec autrui qui ne souffrent pas d'être réduites à un matérialisme utilitaire banal. « Le sentiment de l'utilité publique, bien plus que l'intérêt privé conduit les hommes à obéir. Parfois, il est de mon intérêt de désobéir, et de désirer un changement de régime, mais je n'ignore pas que tous les gens ne partagent pas mes opinions et qu'ils ne m'aideraient guère dans cette entreprise. Par suite je me soumets pour le bien de la collectivité ». Ainsi parle A. Smith dans un ouvrage posthume, *Lectures on Justice....*

Pour conclure, dans le cadre d'une analyse cognitive l'utilité équivaut à une *relation* d'ego avec les choses *et* avec alter. A vrai dire, une relation vitale pour autant que les entreprises d'ego requièrent le concours négocié ou prescrit d'alter. Relation ? Tout simplement les considérants d'utilité s'inscrivent dans des structures de rapports d'interaction : alter découvre ego, ego décèle alter. Dans un système d'action sociale, les calculs de gains et d'inconvénients tiennent le rôle de variables encadrées par des règles de contraintes, de restrictions ou de chances normatives et physiques délimitant les espaces du possible *et* du probable. Dans ce cadre d'invariants et de variables, les acteurs sélectionnent et combinent des ressources, sans exclure de

12. Cf. pour une réfutation de l'interprétation de Stigler, A.W. Coats, « Adam Smith's Conception of Self-Interest in Economics and Political Affairs », *History of Political Economy*, 1975, vol. 7, n° 7, n° 1, pp. 132-136, ; E.G. West, « Adam Smith's Economics of Politics », (*id.*), 1976, vol. 8, n° 4, pp. 515-540 ; D. Winch, *op. cit.*

13. A. Smith, *Lectures on Justice, Police, Revenue and Arms*, Oxford, ed. Edwin Cannan, 1896, p. 10.

devoir plier l'échine, pour créer des rapports fondés pour ego et autrui.

La tradition séculaire de la science sociale localise les invariants dans des ensembles de valeurs ou de normes. Des règles fondamentales — comme celle de la réciprocité — définissent et stabilisent les répertoires d'actions réciproques. Ces règles affichent une nature collective prégnante bien qu'il faille sans cesse dire et redire qu'ego ou autrui dispose d'une capacité stratégique variable d'interprétation et de manœuvre. Est-ce bien tout ? Ici et là, cet essai s'écarte des idées reçues quand, rapportant des faits d'expérience empruntés à J. Piaget, N. Chomsky ou à G. Bateson, il laisse poindre l'œuvre conjointe d'invariants-régulateurs (l'alternance symbolique, l'abstraction, l'apprentissage au second degré, etc.) vides de tout contenu de valeurs et de normes [14]. S'il en est ainsi, la science sociale barbote dans un corporatisme d'ignorance ou, pour être plus grâcieux, dans l'ère du soupçon.

---

14. Cette idée est, semble-t-il, l'intuition fondamentale des courants récents de la sociologie anglo-saxonne. Cf. par exemple, A. Cicourel, *op. cit.* ; H. Garfinkel, *Studies in Ethnomethodology*, Englewood Cliffs, N.J., Prentice Hall, 1967 ; R. Collins, « On the Microfoundations of Macrosociology », *American Journal of Sociology*, 1981, *86*, 5, pp. 984-1015.

INDEX DES NOMS

INDEX DES THÈMES

TABLE DES MATIÈRES

Achevé d'imprimer
par Corlet, Imprimeur, S.A.
14110 Condé-sur-Noireau

N° d'Imprimeur : 8269
Dépôt légal : avril 1986
Imprimé en France